Sandra Elisabeth
Robisom D. Calado

TRANSFORMANDO IDEIAS EM
NEGÓCIOS LUCRATIVOS:
Aplicando a metodologia Lean Startup

1ª Edição

GlobalSouth
P R E S S

For more information, please contact info@globalsouthpress.com
or go to http://www.globalsouthpress.com/

Book design by **Héctor Guzmán**
Editing and revising by **Óscar Eduardo Montes**

TRANSFORMANDO IDEIAS EM NEGÓCIOS LUCRATIVOS:
Aplicando a metodologia Lean Startup

Includes bibliographical references and index.

ISBN:

978-1-943350-07-0

1. Business—Entrepreneurship
2. Entrepreneurship—Entrepreneurship Business Strategy
3. Business—Lean Start Up
4. Brazil

GlobalSouth

P R E S S

Editorial Board:

I thank my teachers who have contributed in any way with the completion of this study, and particularly my family for their support and love.

SANDRA ELISABETH

I dedicate this work to my dear wife Selma, my children Juliane and William for their support, patience and love. And my friends who always encourage me.

ROBISOM CALADO

Prefácio

Este livro tem como objetivo oferecer um passo a passo para os empreendedores tirarem suas ideias do papel e transformarem-na em realidade!

Não que este seja o único jeito de se fazer isto, mas é uma das formas que acreditamos ser mais assertiva!

O livro está dividido em duas partes: uma mais teórica, que apresenta os principais conceitos que serão tratados e outra mais prática, que mostra como usar os conceitos apresentados para efetivamente tirar a ideia do empreendedor do papel.

O assunto startup tem sido amplamente discutido. Muitas revistas de negócios têm questionado alguns empreendedores que desenvolvem ideias para buscarem investidores.

Vamos discutir aqui que, feliz ou infelizmente, os investidores investem apenas no que têm certeza de resultados. Para isto o empreendedor precisa validar sua ideia.

Devido aos recentes anos de crise enfretados, principalmente no Brasil, muitos investidores deixaram de investir e outros ficaram mais seletivos. O importante é que existe sim recurso para investimentos, o problema é que para conseguir isto é necessário primeiro tirar a ideia do papel e provar que ela é viável.

Sabemos que é algo antagônico: o empreendedor precisa de dinheiro para tirar sua ideia do papel e o investidor só entregará este dinheiro se o primeiro provar que o negócio é, de fato, vantajoso. Ora, muitas vezes, neste momento o empreendedor não precisa mais do dinheiro de terceiros.

E o que vamos mostrar neste livro é uma forma de se tirar a ideia do papel, investindo menos recurso e podendo gerar as informações que o mercado pede antes de investir.

Vocês verão que em muitos casos, os empreendedores após utilizarem este método, descobrem que na verdade conseguiram seguir em frente com seus negócios, de forma sustentável, não dependendo de recursos de terceiros.

E se este for seu caso, ótimo. Você conseguiu validar seu negócio e irá crescer e se desenvolver enquanto empresa. Pode até ser um pouco mais devagar do que com quem recebeu investimentos, mas não se preocupe; pois o importante é continuar "vivo" no mercado e sempre em uma linha de crescimento.

Uma ótima leitura para você!

ÍNDICE

Empreendedor

em.pre.en.de.dor

adj (empreender+dor) **1**-Que empreende. **2**-Que se aventura à realização de coisas difíceis ou fora do comum; ativo, arrojado. sm **1**- Aquele que empreende. **2**- Aquele que toma a seu cargo uma empresa (Dicionário Michaelis).

Um fato interessante me ocorreu quando comecei a escrever este capítulo. Propus-me a inicia-lo com o significado da palavra "empreendedorismo" de acordo com o dicionário Michaelis da língua portuguesa. Para meu espanto, esta palavra não existia nesta fonte. Sei que eu poderia fazer uma varredura nos sites de busca e encontrar outra fonte que tivesse o que eu procurava, mas decidi não o fazer por uma frase que ouvi de uma professora ainda no ensino fundamental: "as palavras que não encontramos em um dicionário é porque não são tão comuns, aí precisamos buscar em mais alguns para encontrar".

Veja; minha hipótese foi esta: a palavra empreendedorismo não é tão comum, é pouco utilizada na língua portuguesa. Não sei se esta hipótese é verdadeira ou não, e também não vou discursar sobre este assunto no livro. O que me intrigou foi que para mim e para as pessoas ao meu redor esta é uma palavra que usamos todos os dias, a todo o momento!

E aí me surgiu o seguinte pensamento: será que são apenas as pessoas ao meu redor que falam sobre empreendedorismo e que discutem este tema? Onde está o empreendedorismo e como ele "anda"? Porque as pessoas empreendem? Porque existem tantos materiais que tratam sobre este assunto? Diante de tantas dúvidas, tentarei trazer algumas respostas (ou novas indagações) sobre o tema.

1.1 Histórico do empreendedorismo no Mundo

Existem várias teorias e vários livros que discutem sobre as origens do empreendedorismo e os caminhos trilhados pelos empreendedores. Aqui me comprometo apenas em pincelar a história do empreendedorismo, já que este tema sozinho nos possibilitaria escrever outro livro.

Relendo o significado da palavra empreendedor "que se aventura à realização de coisas difíceis ou fora do comum" arrisco-me a dizer que o homem sempre empreendeu e que se não o tivesse feito (desde os primórdios) não estaríamos aqui hoje lendo (ou escrevendo) este livro.

Assim, o homem da caverna que criou o fogo, a roda, que aprendeu a plantar e a caçar era um empreendedor. Ele não necessariamente "vendeu" o serviço de fazer fogo para outros, mas com certeza ensinou seus filhos, netos e por conta deste conhecimento teve em troca a possibilidade de viver mais.

Este homem se desenvolveu, criou cidades, exércitos para proteger suas cidades, comércio de escambo para alimentar o povo; e neste processo chegamos ao mercantilismo e na sequencia ao capitalismo. Só relembrando a história, foi nesta época que se iniciou a revolução industrial e a figura do empreendedor aparece com as características "empresariais" que conhecemos hoje!

Até aqui fica claro que o empreendedorismo e o empreendedor sempre existiram; é tudo uma questão de nomenclatura. O importante é compreender que o empreendedor é aquele que realiza coisas difíceis, é aquele que empreende e sai do comum!

Só para não gerar dúvidas, também é possível ser empreendedor dentro do seu trabalho, no contexto da empresa na qual você é funcionário. Infelizmente não teremos espaço para discutir isto neste livro, mas sim você pode ser um intra-empreendedor de muito sucesso!

1.2 Motivos para empreender

Cada empreendedor tem o seu motivo para empreender, o sonho a realizar, a sua necessidade para atender.

Mas, infelizmente somos simplistas e nem sempre conseguimos externalizar de forma teórica e escrita todos estes motivos para empreender; assim dizemos que o empreendedor empreende por necessidade ou por oportunidade.

1.2.1 Empreendedorismo por necessidade

O empreendedor por necessidade é aquele que não escolheu necessariamente empreender. A vida, as circunstâncias de ausência de trabalho o fizeram empreender de alguma forma. E devido esta urgência nem sempre este empreendedor consegue mensurar qual valor entregar ao seu cliente, quem é ao certo seu cliente, como ele vai ganhar dinheiro com este negócio.

O que não podemos generalizar é que o pedreiro, o pintor, a manicure que trabalha em casa, etc. se tornaram empreendedores por necessidade. Muitos destes profissionais efetivamente enxergaram uma oportunidade de ganhar dinheiro e seguiram nesta profissão (meu pai foi pedreiro a vida toda e como todo empreendedor teve altos e baixos, mas ele escolheu esta profissão, pois na década de 60 – na cidade onde morávamos – não havia profissionais desta área).

Na década de 90 vi muitas tecelagens quebrarem com a abertura de mercado e vi também muitos ex-empregados destas indústrias, (com idade avançada para o mercado de trabalho, que só conheciam de tecidos, etc.) empreenderem por necessidade, montando pequenas confecções na mesma região. Hoje, muitos deles têm sucesso e conseguiram crescer. Outros acabaram fechando suas portas logo nos primeiros anos.

Ou seja, sempre que a necessidade de se ganhar dinheiro com o empreendimento fala mais alto que a compreensão do mercado e dos clientes; estamos falando de empreender por necessidade!

1.2.2 Empreendedorismo por oportunidade

Já quem empreende por oportunidade percebe uma lacuna no mercado, um espaço aberto que ninguém ou nenhuma empresa preencheu. Pode ser um negócio completamente inovador ou não. Explicarei me utilizando de Philip Kotler e de Steve Blank:

Podemos encontrar uma oportunidade no mercado de diversas formas:

- Um produto novo para um mercado que ainda não existe, por exemplo, quando o rádio foi inventado. O produto rádio não existia e nem tão pouco se sabia que perfil de público efetivamente compraria este aparelho e passaria a ouvir notícias ao invés de lê-las.

- Um produto novo para um mercado já existente, por exemplo, quando foi criado o Google Maps. As pessoas (mercado) já utilizavam mapas impressos para se localizar, mas para isto precisavam comprá-los. Com a criação do Google Maps, as pessoas continuaram a olhar o mapa, mas agora on-line e sem precisar pagar nada por isso!

- Um produto que já existe para um novo mercado, por exemplo, quando se inicia um bairro novo há nele oportunidades de iniciarmos comércios já conhecidos, mas que ali, para aquele mercado ainda não existe, tais como padarias, açougues, papelarias, escolas, etc.

E como perceber as oportunidades de mercado? Observando os clientes (seu público alvo) e desenvolvendo algo que atenda as necessidades e desejos deles. Se você percebe que seu público gosta de pão fresquinho e quentinho e que não há nenhuma padaria por perto que ofereça este produto, você tem uma oportunidade! Se seu cliente tem pouco tempo para ir às lojas fazer compras, você tem a oportunidade de vender para ele on-line! Se seu público-alvo não tem tempo de ir às lojas fazer compras, mas não usa a Internet para nada você pode levar seus produtos até eles; outra oportunidade!

Sei que aqui apresentei alguns fatos lógicos, mas é para exemplificar de maneira rápida e simples. Cabe a cada empreendedor identificar quais outras oportunidades existe e que ninguém percebeu ainda. Que clientes não são atendidos adequadamente? Quem são as pessoas que ainda se adaptam as empresas porque as empresas ainda não se adaptaram a elas?

Os empreendedores que analisam estes fatores são os que empreendem por oportunidade. Veja que não mencionei modelo de negócios, análise de viabilidade, etc. isto porque ambos, tanto o empreendedor por necessidade quanto o por oportunidade, após definirem o que vão fazer acabam preparando este material. A diferença está em quem viu a oportunidade real no mercado e quem está empreendendo porque o ambiente o impulsionou para isto!

1.3 Dificuldades encontradas por empreendedores

De acordo com o Serviço Brasileiro de Apoio às Micro e Pequenas Empresas (SEBRAE) só no Brasil cerca de 70% dos novos negócios fecham antes de completarem seu primeiro ano de vida. Os dados do Global Entrepreneurship Monitor (GEM) não são diferentes e apontam que no mundo esta proporção é de aproximadamente 60%.

Agora, se falarmos de negócios de alta tecnologia, a porcentagem de empresas que fecham antes de completarem seu primeiro ano é de 90%, segundo uma pesquisa realizada no Vale do Silício com mais de 12 mil empresas em 2011 (Hermann, 2011).

São muitas as dificuldades encontradas por empreendedores, o que acaba causando a mortalidade precoce de seus negócios; a falta de linhas de crédito para quem está iniciando; a crise econômica e social do país onde se vive; a falta de apoio dos familiares e amigos... As dificuldades são inúmeras e daria um livro apenas com este assunto! Mas focaremos em algo que foi identificado como os principais motivos para as empresas fecharem suas portas tão jovens. Esta pesquisa foi realizada por três entidades diferentes - SEBRAE, 2013; GEM, 2010; Hermann, 2011 (como podem ver, foi em anos diferentes e em países distintos, mas com o mesmo resultado).

"Dentre os principais motivos para as empresas iniciantes descontinuarem seus negócios estão os problemas internos de gestão relacionados à compreensão das necessidades reais do mercado e da interpretação das oportunidades oferecidas por este."

Ou seja, os empreendedores (mesmo os que empreendem por oportunidade) não conseguem enxergar as oportunidades do mercado, não conseguem validar sua ideia e, portanto, fecham as portas antes do esperado. Esta tem sido a maior dificuldade das pessoas que resolvem empreender nos dias de hoje!

1.4 Todo empreendedor é "dono" de um Startup?

Agora vem a pergunta: será que todo empreendedor é "dono" de uma Startup? Para responder esta questão é preciso primeiro compreender o que é uma Startup. Vamos ver alguns conceitos:

Acs e Amorós (2008), afirmam que Startup é "o processo de criação de um negócio nascente", ou seja, qualquer empresa em processo de iniciação do negócio seria considerada uma Startup.

Outros pesquisadores discordam de Acs e Amorós e definem Startup de acordo com a idade da empresa, considerando desde uma empresa recém-formada até uma com 08 ou 10 anos.

Já Elfring e Hulsink (2007) citado por Brigidi (2009) tratam Startups a partir de suas categorias: independentes, spin-offs e incubadas. Startups independentes são aquelas empresas que iniciam seus negócios por conta própria, "sozinhas"; Spin-offs é a união de duas ou mais Startups que atuando em atividades diferentes se unem para atenderem o mesmo mercado e as incubadas são as que iniciam seus negócios dentro de uma instituição sem fins lucrativos que tem como objetivo acompanhar e desenvolver a Startup. No Brasil existem Incubadoras Governamentais que são mantidas por Universidades ou Instituições Empresariais, tais como o SEBRAE (SEBRAE, 2012).

Sintetizando o conceito de Startup, Ries (2012) o define como sendo uma "instituição projetada para criar novos produtos e serviços sob condições de extrema incerteza", dentro ou fora de uma grande empresa.

Ries (2012) complementa sua definição dizendo que o maior objetivo de uma Startup é descobrir a coisa certa a se criar; ou seja, o que os clientes querem e pagarão para tê-lo; o mais rápido possível e sem desperdícios.

Partindo do conceito de Startup apresentado por Ries (2012), podemos dizer que nem sempre todo empreendedor é dono de uma Startup. Explico: se hoje eu decidir abrir uma franquia, por exemplo, meu grau de incerteza neste empreendimento é muito baixo, pois a franqueadora (quando séria) irá me apresentar todos os números deste mercado, irá me mostrar às oportunidades de onde estou instalando a franquia e quanto e quando terei retorno sobre o que estou investindo. Agora, se eu criar um produto ou serviço novo (pode ser dentro desta mesma franquia), que ainda não foi testado no mercado, aí sim estará criando uma Startup.

Sendo assim, alguns colaboradores de empresas podem ser empreendedores "donos" de Startup, sem necessariamente terem sociedade em uma empresa.

Este conceito muda tudo o que conhecíamos até então sobre gestão nas empresas, pois indica que mesmo um negócio já estabelecido no mercado, terá durante sua vida, inúmeros recomeços ou inúmeras Startups... E para se sobreviver hoje, elas realmente precisam sempre inovar (criar Startups).

Vocês já leram os conceitos principais de Startups, mas o que exatamente é um cenário? Vamos descobrir?

Cenário
ce.ná.rio

sm (lat scenariu) **1** Conjunto de bastidores e vistas apropriados aos fatos que se representam. **2** Sequência das cenas, no cinema ou teatro. **3** Panorama. **4** Lugar onde se passa algum fato (Dicionário Michaelis).

Nosso objetivo neste capítulo será então apresentar qual é o conjunto de bastidores em que atualmente os fatos referentes ao desenvolvimento de empreendimentos com alto grau de incerteza acontecem; ou seja, qual o cenário das Startups hoje!

2.1 Incubadoras x Aceleradoras

Sempre ouvimos falar que o empreendedor precisa buscar parceiros e pessoas que o auxiliem na difícil jornada que é empreender. E aí, como dica, dizem para procurar as incubadoras e aceleradoras. Mas afinal o que são incubadoras e aceleradoras. São a mesma coisa? Se não, quais as diferenças?

No Brasil, uma incubadora de empresas está quase sempre vinculada a uma instituição de ensino, um órgão público ou a uma entidade de classe (SEBRAE, FIESP, CIESP, entre outras). Ela tem como objetivo apoiar o desenvolvimento dos micro e pequenos negócios, durante um período de dois a quatro anos, dependendo da incubadora.

Este apoio pode acontecer por meio de treinamentos, cursos, consultorias, apoio tecnológico e principalmente de espaço de trabalho; isto porque as incubadoras oferecem um lugar para as micros e pequenas empresas que estão iniciando se instalarem à um preço muito baixo, se comparado aos preços de alugueis de galpões no mercado.

O foco das incubadoras ainda é o de desenvolvimento de produto ou serviços para atender o mercado. Um empreendedor para conseguir ter seu projeto aceito em uma incubadora precisa, antes de qualquer coisa, apresentar seu Plano de Negócios e demonstrar que seu produto poderá gerar lucros. Não precisa ser algo do outro mundo ou extremamente inovador. Precisa apenas ser um bom produto ou serviço.

E a cada ano, sempre que uma empresa é desencubada, as incubadoras abrem editais convidando micro e pequenos empreendedores a participarem do processo de seleção de incubação.

Foto 01: Incubadora de empresas

Já as aceleradoras têm um conceito um pouco diferente: elas assim como as incubadoras auxiliam o empreendedor no desenvolvimento de seus negócios, mas diferente das incubadoras não estão preocupadas com o produto final, mas sim na identificação dos valores dos clientes. Desta forma, a principal atividade da aceleradora é de desenvolver clientes e não produtos, como no caso das incubadoras. Explico:

As incubadoras incubam micro e pequenas empresas, as aceleradoras aceleram startups. Já vimos no capítulo anterior que uma startup é uma micro empresa, mas nem todas as micro empresas são startups. (Esta é uma boa diferenciação entre aceleradora e incubadora, mas ainda não é minha explicação).

O objetivo principal da aceleradora é auxiliar o empreendedor na descoberta de "como ganhar dinheiro com a oportunidade descoberta". Veja, não com o produto em si, mas com a oportunidade encontrada. Sendo assim, uma startup primeiro identifica quem são seus clientes e o que eles precisam ou gostariam de receber; depois defini que produto ou serviço fará para entregar o que seus clientes precisam.

Parece algo do outro mundo, mas é assim que as startups pensam (ou deveriam pensar), pois como Eric Ries e Steve Blank dizem: "não adianta criarmos o melhor produto do mundo, patenteá-lo para ninguém copiar e depois não ter para quem vender, pois ninguém quer comprar".

Isto é tão verdade, que basta olhar a lista de produtos patenteados x a lista de produtos que efetivamente fizeram seus criadores ganharem dinheiro, não digo ficarem ricos, mas poderem viver do que criaram.

Esta é outra diferença interessante, as aceleradoras preferem produtos que não foram patenteados e serviços que não tem registro de ideia, isso porque quando a patente foi feita não há mais como realizar mudanças ou ajustes no produto rapidamente, tudo terá que ser enviado ao registro de patente para que a patente acompanhe o produto, e se o objetivo da aceleradora é acelerar, este processo não será nada rápido!

E por falar em tempo, uma aceleradora começa e termina seu processo em no máximo 1 ano, período suficiente para o empreendedor desenvolver cliente, criar um produto mínimo viável, testá-lo no mercado e fazer os pivôs necessários para medir se o seu negócio é viável ou não, se tem clientes ou não, se o mercado aceitou ou não. Isso não significa ficar rico em 1 ano, mas saber se vale a pena ou não continuar investindo no negócio!

O maior benefício de uma aceleradora são as mentorias que diferente das consultorias, não diz o que o empreendedor deve fazer, mas sim lhes mostra os cenários, as possibilidades e o faz pensar sobre que decisão tomar. Eu (autora) particularmente não gosto das consultorias tradicionais onde o consultor apresenta o que e como fazer, e pronto! Porque eu devo fazer do jeito que o consultor quer e não do meu jeito? Será que do meu jeito eu não chego mais rápido? Nas aceleradoras, os mentores têm o papel de conversarem com as startups, mostrarem os caminhos que já fizeram; o que erraram e o que acertaram e deixam para os empreendedores pensarem no "o que" e no "como" fazer. Desta forma, começamos a ter empresários que saberão tomar decisões e não mais os que sempre precisam se apoiar nos consultores para saber o que fazer!

Foto 02: Aceleradora de empresas

Enfim, o importante é identificar qual sua necessidade, que caminho deseja seguir. Conversar com as pessoas, conhecer as incubadoras e aceleradoras que podem te ajudar, e sim buscar estes parceiros que só farão lhe ajudar!

2.1.1 Programa Nacional de Aceleração de Empresas Startups no Brasil – Startup Brasil[1]

O programa Start-UP Brasil surgiu em 2012 para acelerar empresas startups no País. Para isso, apoiam projetos na área de TI que sejam inovadores e colaborem para o desenvolvimento nacional.

Ele é uma iniciativa do governo federal brasileiro, criado pelo Ministério da Ciência, Tecnologia e Inovação (MCTI) em parceria com aceleradoras, para apoiar as empresas nascentes de base tecnológica, as startups, e tem o Softex como gestor operacional.

O Start-Up Brasil integra o TI Maior, Programa Estratégico de Software e Serviços de TI, que por sua vez é uma das ações da Estratégia Nacional de Ciência, Tecnologia e Inovação (ENCTI), que elege as TICs entre os programas prioritários para impulsionar a economia brasileira.

Como funciona o programa Startup Brasil?

O programa funciona por edições com duração de um ano. Em cada edição são lançadas duas chamadas públicas, uma para qualificar e habilitar aceleradoras, e outra para a seleção de startups com rodadas semestrais.

Após as escolhas de aceleradoras e startups que participaram do programa, inicia-se efetivamente o processo de aceleração. É neste momento que as startups têm acesso a até R$ 200 mil em bolsas de pesquisa e desenvolvimento para os seus profissionais, além de participar de uma série de eventos e atividades promovidas pelo programa para capacitação e aproximação de clientes e investidores e do Hub Internacional no Vale do Silício/EUA. Adicionalmente, as startups recebem investimentos financeiros das aceleradoras e têm acesso a serviços como infraestrutura, mentorias e capacitações em troca de um percentual de participação acionária. Além das aceleradoras, as empresas também são acompanhadas pelos gestores do programa.

---

1 Informações coletadas no site do programa:
  www.startupbrasil.org.br/programa/

A seguir um esquema de como funciona o Startup Brasil:

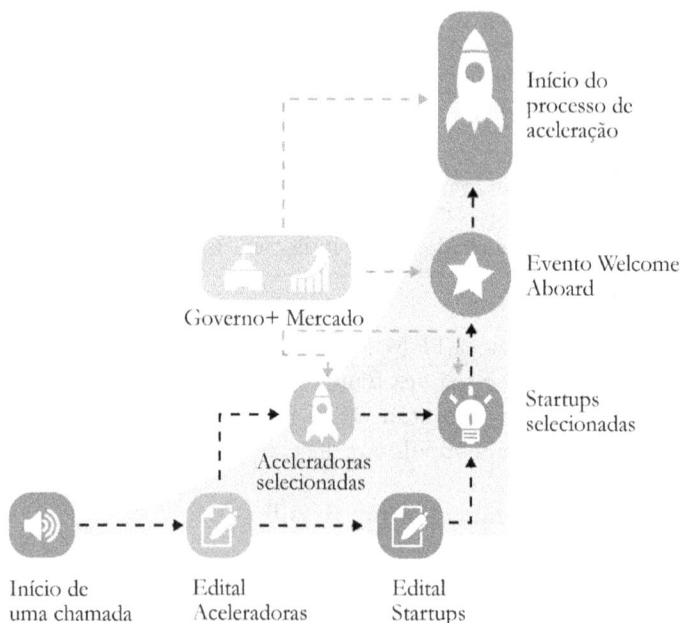

Início do processo de aceleração

Evento Welcome Aboard

Governo+ Mercado

Startups selecionadas

Aceleradoras selecionadas

Início de uma chamada

Edital Aceleradoras

Edital Startups

Quem pode participar do Startup Brasil?

Todo ano o Startup Brasil abre um edital para a seleção de Startups. No ano de 2014 foram abertas 100 vagas para startups de tecnologia, sendo 75% das vagas destinadas a empreendedores brasileiros e 25% destinadas a empreendedores internacionais.

Podem se inscrever startups com menos de 4 (quatro) anos de constituição que desenvolvam soluções de software ou hardware. Elas devem indicar algumas aceleradoras de interesse entre as que estão participando do Startup Brasil.

Mas atenção: startups que já receberam investimento de uma das aceleradoras que estão participando do programa não podem participar do Startup Brasil.

Outro ponto interessante é que os brasileiros que moram no exterior a mais de 3 (três) anos podem se inscrever como startup internacional e concorrer apenas com as demais que se inscreveram nesta categoria.

Agora, é muito importante ler os editais e ficar atento às mudanças, pois desde quando o programa foi lançado ainda não tivemos um único ano que não houve alterações nos modos operantes do programa; o que é natural, pois o Startup Brasil também é uma 'startup' e como todo negócio novo precisa ser pivotado até chegar à 'perfeição'!

2.2 Love Money e Investimento Anjo

No Brasil o movimento de startups, aceleradoras e investidor anjo é muito novo. Na verdade esse movimento no Brasil ainda é uma Startup. Em 2011 surgiu no Brasil uma instituição sem fins lucrativos - Anjos do Brasil - que auxilia empreendedores e investidores a compreenderem melhor esse cenário.

A instituição Anjos do Brasil afirma que o Investimento-Anjo é o investimento efetuado por pessoas físicas com seu capital próprio em empresas nascentes com alto potencial de crescimento (as *startups*). Ou seja, são pessoas que têm dinheiro em caixa e que ao invés de investirem na poupança, na bolsa de valores, no CDB investem em startups.

Não é empréstimo, nem financiamento. É um investimento – a startup não tem que devolver o dinheiro que foi colocado no negócio; tão pouco é empréstimo ou financiamento a fundo perdido (aquele dinheiro que recebemos para fazer um projeto e depois apenas prestamos contas dele). Os investidores querem retorno financeiro do que investiram, querem aplicar 10 e mais tarde ganharem 20; assim como nós quando colocamos nosso dinheiro na poupança ou compramos ações.

É claro que todo investimento envolve risco, por isso não é empréstimo. O investidor anjo se torna sócio do negócio e assume o risco de não receber nem R$1,00 de volta, assim como quando investem na bolsa de valores.

Devido ao risco de se perder dinheiro com o negócio, o Investidor Anjo no Brasil geralmente são executivos, profissionais liberais, empreendedores bem sucedidos, ex-executivos de grandes indústrias, pessoas que têm um capital ou reserva financeira para investir; se tornam sócios minoritários do negócio e não tem posição executiva na startup (não tomam as decisões finais), mas acompanham os empreendedores e oferecem mentoria à eles.

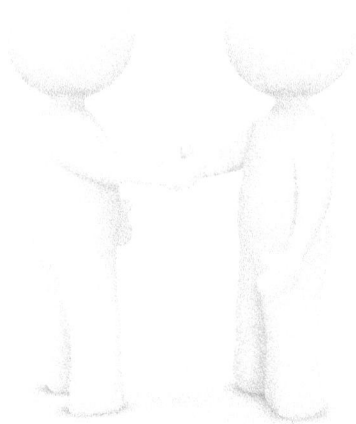

Na verdade, o melhor em se receber Investimento Anjo não é o dinheiro em si, puro e simples; mas sim a oportunidade de receber mentoria de pessoas mais experientes, que já tiveram seus negócios e desenvolver networking em prol do crescimento da startup.

E o que é o Love Money? Simples: a oportunidade que sua família lhe deu de ficar sem emprego fixo para desenvolver seu negócio. É isso mesmo, quando um empreendedor resolve que vai investir todo seu tempo no negócio e se ele não tem renda própria, alguém terá que pelo menos alimentá-lo por um período. Esse é o seu primeiro investidor!

Veja o que a Anjos do Brasil diz sobre o Love Money:

É o investimento feito por familiares e amigos, numa fase da empresa em que só um laço de amizade ou parentesco justifica um incentivo financeiro.

Em geral, é esse aporte que ajuda a tirar a empresa do papel e a mantém pelos primeiros meses de vida.

Geralmente os investidores anjo fazem aportes de R$ 50mil a R$ 500mil e o Love Money são os valores de até R$ 50mil. O importante é entender que no caso das startups apenas dinheiro não significa nada, os riscos de se empreender são muitos e buscar parceiros que possam ajudar a minimizar este risco vale muito mais que R$ 1 milhão. Como diria um investidor com quem conversei em uma DemoDay: "se hoje eu lhe der 1 milhão de reais como investimento em seu negócio, o que você fazer? Como fará esse dinheiro virar 2 ou 3 milhões?" Viu como a mentoria é mais importante que o dinheiro sozinho?

2.3 O que aceleradoras e investidores procuram?

É bem verdade que quando falamos de investimento anjo ou de aceleradoras sempre tem alguém que afirma: tem dinheiro o que falta são bons projetos! Até aqui, ótimo; mas o que é considerado um bom projeto? O que ele precisa ser ou ter para ser classificado como tal?

Vamos apresentar neste capítulo algumas dicas de aceleradoras e investidores diversos sobre como fazer isto:

2.3.1 Dicas de Aceleradoras

Pré-requisitos mínimos

Equipe: é importante ter uma equipe coesa e multidisciplinar, ou seja, de nada adianta todos saberem fazer a mesma coisa; uma empresa se faz de pessoas que se complementam, assim quando for buscar sócios não se esqueça: eles precisam, obrigatoriamente, complementar seu conhecimento.

Também não adianta sair contratando, as aceleradoras preferem os negócios onde a equipe principal é formada por sócios; pois quem garante que seu funcionário não vai aprender tudo com você e depois vai procurar outro emprego? Isso é normal, sábio e deve ser feito! Logo, para você não ficar com raiva e ter que gastar tudo de novo é melhor dividir os ganhos e os prejuízos com um sócio!

Inovação: o produto que você está desenvolvendo precisa ser inovador. Startup = incerteza. (Lembra que mencionei isto anteriormente?! Pois é isso mesmo).

Sem inovação não há porque uma aceleradora investir tempo e mentoria no projeto. Explico: se você deseja abrir uma "cópia do McDonalds" tudo bem, você pode e poderá até ficar rico com isso, mas não há no que erra: é só copiar o que o McDonalds já faz, a receita já está pronta! Se você vai conseguir competir com ele é discussão para outro livro e daí nem toda mentoria do mundo te ajudaria, a não ser que você decida fazer um fast food com algum diferencial, com alguma inovação!

E o que é inovação? Temos vários conceitos diferentes para inovação, mas eu gosto de parafrasear Steve Blank e pensar que o que ele diz é base para inovação: "desenvolver cliente, descobrir o que o cliente precisa ou deseja e nem ele mesmo sabe, podendo ser desde um serviço diferenciado até um produto de ruptura (que não existia)..." isso para mim é inovação, é o algo novo que ninguém fez ainda!

Escala: bom se você tem a melhor equipe do mundo e o produto mais inovador, agora precisamos saber se o que você faz é escalável, ou seja, se eu posso aumentar as vendas e o custo fixo não vai aumentar em nada e o custo variável vai mexer muito pouco. O que isso quer dizer na prática: se eu criar um software, por exemplo, o exemplar 01 terá um custo fixo e custo variável alto , pois está todo o desenvolvimento, pesquisa, inovação, etc. Agora quando estiver vendo o software número 1.000 não tenho mais custos de desenvolvimento, pesquisa, inovação; eu estou apenas fazendo uma cópia num CD e vendendo. Terei apenas o custo do material!

Além dos custos envolvidos, também precisamos entender se o produto/ serviço poderá ser replicado facilmente, sem precisar que você empreendedor esteja em vários lugares ao mesmo tempo para que isto aconteça.

Se seu produto tem estas características, parabéns ele é replicável! Se não, ótimo, você fará muito dinheiro com ele, mas não o verá se transformando no próximo Google!

Área de atuação: muitos empreendedores não percebem que cada aceleradora se especializa em uma área de atuação diferente, devido principalmente à sua origem e de seus mentores. Temos aceleradoras que só aceitam projetos de Tecnologia de Informação; outras de setores específicos como Economia Criativa. Assim, antes de enviar um pedido de aceleração leia as informações da aceleradora, não tem nada pior do que receber um NÃO por falta de leitura!

IMPORTANTE: mesmo que seu produto seja incrível, mas se a aceleradora não tem conhecimento sobre o assunto ela vai te dizer não! Fique atento!

Custa alguma coisa?

Primeiro, se você acha que custa pare seu negócio hoje mesmo e comece a escrever seu currículo. Isso é investimento. Investimento no seu negócio, no seu produto e em você.

Cada aceleradora trabalha de uma forma diferente, cabe ao empreendedor identificar qual aceleradora combina mais com seu produto e forma de pensar. Dito isto, apresento algumas formas possíveis:

<u>Investimento fixo do empreendedor + porcentagem do faturamento de um curto período:</u>

Nesta modalidade as aceleradoras pedem um Investimento Fixo mensal por parte do empreendedor na aceleradora durante o período em que está desenvolvendo o Produto Minimo Viável. Depois de finalizado este período, iniciando-se as vendas uma porcentagem do faturado fica para a aceleradora, variando de 1 à 10%, dependendo do negócio!

Participação na sociedade:

Aqui a aceleradora se torna sócia do negócio com participação de 5% a 20% durante um período geralmente de 5 anos. Isto significa que se um grande grupo de investidores anjos investirem em seu negócio, uma parte desse dinheiro vai para a aceleradora!

Pitchs:

Muitas aceleradoras também cobram os *pitchs*, ou seja, a apresentação que vocês farão a elas sobre os seus projetos. Elas trazem investidores e outras aceleradoras para avaliarem seu negócio, ampliando sua visibilidade para que vocês apresentem os projetos. Caso passe no *pitch*, provavelmente ainda terá que fazer um dos dois primeiros modelos de investimento na aceleradora.

De qualquer modo, de todas as formas a aceleradora só ganha quando o empreendedor ganha, no primeiro modelo se ele não vender, a aceleradora não ganha nada a não ser a cobertura dos custos fixos e no segundo modelo a aceleradora não ganha nada e ainda pode perder muita coisa, por isso muitas delas passaram a cobrar o pitch quando usam desta modalidade.

2.3.2 Dicas de Investidores Anjo

Pré-requisitos mínimos:

1- Equipe: novamente falamos de equipe; os investidores anjo buscam as mesmas características de equipe que as aceleradoras.

2- Modelo de Negócio: como você vai ganhar dinheiro com o seu projeto? Basicamente esta é a pergunta, e nem tente responder com publicidade – seu projeto já estará fora (porque alguém anunciaria com você ao invés de com o Google ou Facebook? – palavras de vários investidores dos quais conversamos), pense mais sobre ele e depois se pergunte como você pode ganhar dinheiro com o projeto.

3- Produto Mínimo Viável: seu MVP (por suas siglas no inglés) já está pronto? Você já o testou no mercado? Algum cliente já comprou o seu produto? Se a reposta for sim, ótimo! Se for não: por quê? Você não consegue produzir para entregar, por que falta dinheiro? Você não conseguiu fazer a entrega porque faltou dinheiro? Se a resposta não for nenhuma destas, então faça seu MVP e vá vendê-lo e obter *feedback*. Você vai precisar mostrar isto aos investidores anjos.

4- Previsão de Retorno: Quanto você já faturou? Qual a previsão de retorno do seu negócio? Esta não é uma pergunta típica do investidor anjo americano, mas sim do brasileiro. Nós contraímos pouco risco, assim essa informação passa a ser importante! Veja, ninguém está falando de milhões, a conta é simples: gastei R$ 500,00 para iniciar meu negócio no mês passado e neste mês faturei R$ 575,00. Ótimo 15% de retorno sobre o investimento!

5- Inovação: de novo, inovação! O mesmo conceito, as mesmas buscas que as aceleradoras fazem, os investidores anjo também fazem!

6- Escala: Seu negócio precisa ter escala! Lembra-se: E S C A L A.

7- E MAIS IMPORTANTE - SINERGIA: tem que haver sinergia entre o empreendedor e o investidor anjo. O investimento anjo é como se fosse um casamento, não dá para se casar sem ter sinergia!

Marcos Barcelos em 2014 apresentou o resultado de sua pesquisa sobre este casamento entre Investidor e Empreendedor. A seguir apresentaremos um quadro resumo de seu trabalho.

Como as VCs e as Startups brasileiras escolhem se "casarem"	
Venture Capital	**Startups**
Fazem análise profunda sobre:	Os emprendedores se apoiam:
-Mercado	-Na experiencia do investidor;
-Modelo de Negócios	-Aporte intelectual;
-Riscos	-Criação de contatos estratégicos
-Perfil dos empreendedores por trás do negócio	-Troca de experiência em negócios

Outras dicas:

Dominar o que estão fazendo:

Conhecer todas as variáveis do mercado profundamente;

Ter os números deste mercado;

Saber exatamente como irá ganhar dinheiro com isso.

Mostrar a atratividade do seu projeto - que problema ele resolve na cadeia de valor?

Quando não souber todas as respostas seja HUMILDE e diga: eu não sei responder isso!

O empreendedor deve deixar claro como sua solução irá ajudar o Mundo, o Investidor e ele próprio. Quando fica claro que o empreendedor quer apenas o dinheiro do Investidor a relação fica ruim!

Ter capacidade de ouvir as dicas dos Investidores para melhorar o projeto.

Nos capítulos anteriores apresentamos de forma muito resumida o que é o empreendedorismo e qual o cenário atual das Startups. Agora vamos contar um pouco mais sobre a metodologia Lean que tem sido utilizada por grandes empresas no mundo todo visando a redução de desperdícios e a melhoria de retorno.

Antes de iniciarmos efetivamente o assunto, vamos entender o que é uma metodologia:

Metodologia
me.to.do.lo.gi.a

sf (método^2+logo^2+ia^1) **1.** Estudo científico dos métodos. **2.** Arte de guiar o espírito na investigação da verdade. **3.** Filos Parte da Lógica que se ocupa dos métodos do raciocínio, em oposição à Lógica Formal. M. didática: teoria dos procedimentos de ensino, geral ou particular para cada disciplina; didática teórica (Dicionário Michaellis).

Apesar da dificuldade aparente em se compreender o que é metodologia, vamos nos atentar no seguinte significado: "arte de guiar o espírito na investigação da verdade"; ou seja, uma forma lógica de nos fazer chegar a um resultado e que quando repetida (a forma lógica) gerará um resultado igual ao anterior. Exemplo simples de comparação: para viajar traçamos uma rota, um caminho que nos guia até o ponto de chegada! Se na próxima viajem formos pela mesma rota, chegaremos ao mesmo lugar! É para chegar ao mesmo lugar (sucesso, por exemplo) que utilizamos uma metodologia.

3.1 História do Lean

O Lean, como método de trabalho surgiu na década de 50 com Toyoda e Ohno, mas só entre as décadas de 70 e 80 se tornou conhecido. Inicialmente era chamado de Modelo Japonês de Produção e mais tarde seria conhecido como Modelo Toyota de Produção. Logo que se iniciaram os estudos sobre o sucesso do Japão em sua nova forma de trabalhar, sem desperdícios, garantindo um estoque mínimo e com um ritmo diferente; acreditava-se que não seria possível replicar no Ocidente o que era feito no Oriente. Mas entre 1980 e 1990 a Toyota mostrou que os resultados não eram devido às questões geográficas e culturais, mas sim às questões de método. Neste período a General Motors e a Toyota se associaram na Nummi (New United Motor Manufacturing) e em pouco tempo esta fábrica (conhecida como a unidade menos produtiva da GM) passou a ser uma unidade exemplar de fabricação de automóveis nos EUA, provando assim que as teorias ligadas à cultura e geografia japonesa estavam erradas.

Os manuais da Toyota foram os primeiros a listar os principais desperdícios: tempo perdido com concerto ou refugo; produção acima do necessário ou prévio ao necessário; operações desnecessárias no processo da manufatura; transporte; estoque; movimento humano e espera. Seus principais elementos eram: participação de todos, como base para a empresa, produtividade e qualidade.

Este método de trabalho foi se aperfeiçoando e hoje é presente desde a manufatura (onde surgiu) até a criação de Startups. Chamamos esta filosofia de trabalho de Lean (enxuto em português), pois é o que busca: produzir sem desperdícios, ampliando assim o retorno do investimento.

3.2 Diversificações do Lean: Lean Service; Lean Healthcare até Lean Startup

Como visto anteriormente o método Lean nasceu dentro da empresa Toyota e era completamente voltado para a produção e para o chão de fábrica. Com o tempo essa metodologia passou a ser utilizada em todas as áreas das organizações.

Isto porque o Lean impulsiona a redução do *lead time* e a eliminação de desperdícios. Womack (1996), Ohno (1997), Liker (2009) afirmam que Lean é uma filosofia de gestão focada na agregação de valor, melhoria da qualidade de produtos e serviços através da redução dos oito tipos de desperdícios, que são: super-produção; tempo de espera; transporte; excesso de processamento; inventário; movimento; defeitos; e não utilizar a criatividade das pessoas.

Estes oito desperdícios (básicos, já estão em estudos mais oito) acontecem em qualquer organização, pública ou privada, na elaboração de produtos, serviços ou comércio, na gestão ou no chão de fábrica.

Assim, um dos principais objetivo da filosofia *Lean*, é portanto, reduzir os custos de uma empresa ao máximo – extinguindo todo e qualquer tipo de desperdício – e aumentar a lucratividade – oferecendo maior valor aos produtos e serviços desenvolvidos.

Com base na manufatura enxuta, desenvolveu-se o Pensamento Enxuto - *Lean Thinking*, que segundo Murman E. (2002) é a dinâmica baseada no conhecimento e o processo focado no cliente, por meio do qual todas as pessoas, em uma determinada empresa, eliminam continuamente os desperdícios com o objetivo de criar valor.

Na medicina também temos o *Lean Healthcare*, com o propósito de valorizar os pacientes e colaboradores, aumentando a qualidade e minimizando os desperdícios (LIKER, J. K.; HOSEUS, M., 2009; MURMAN, E.; et al., 2002).

Abaixo uma pequena linha do tempo para compreensão de como a metodologia Lean se espalhou e hoje é aplicada em todos os setores:

1950 – Sistema Japonês de Produção

1970 – Sistema Toyota de Produção

1988 – Produção Enxuta – Lean Manufactoring

1990 – Lean Construction

2003 – Lean Office

2003 – Lean Education

2013 – Lean Accounting

2005 – Lean Service

2006 – Lean Healthcare

2010 – Lean TI / Lean Agile

2010 – Lean Startup

3.3 Conhecendo um pouco mais sobre o Lean

Antes de falarmos de Lean propriamente dito, é importante compreender que quando falamos deste assunto, é obrigatório falarmos também de vantagem competitiva; sistemas puxados e empurrados; gerenciamento de suprimentos; gerenciamento de projetos; desenvolvimento de produtos; trabalho em equipe; prevenção de defeitos; padronização; e melhoria contínua.

Assim, iniciaremos nossas discussões sobre Lean, falando um pouco mais sobre cada um dos itens acima mencionados:

3.3.1 Vantagem competitiva

Com sua visão de *marketing* e logística, Christopher (2007), acredita que o sucesso de mercado está relacionado à vantagem competitiva e aos três C's: companhia, concorrentes e clientes. Deve-se obter a vantagem para o cliente ao custo que ele deseja pagar, ou seja, uma vantagem de custo e de valor, nos quais a vantagem de valor é ser responsivo confiável e com serviços personalizados. A vantagem de custo é conseguir ter fornecimento sincronizado, giro dos ativos e gerenciar a capacidade, utilizando a capacidade de maneira adequada. Segundo ele as atividades de apoio e primárias devem se organizar de forma matricial e seqüencial para atingir a margem de lucro desejada para a continuidade do negócio, assim como demonstra a figura abaixo:

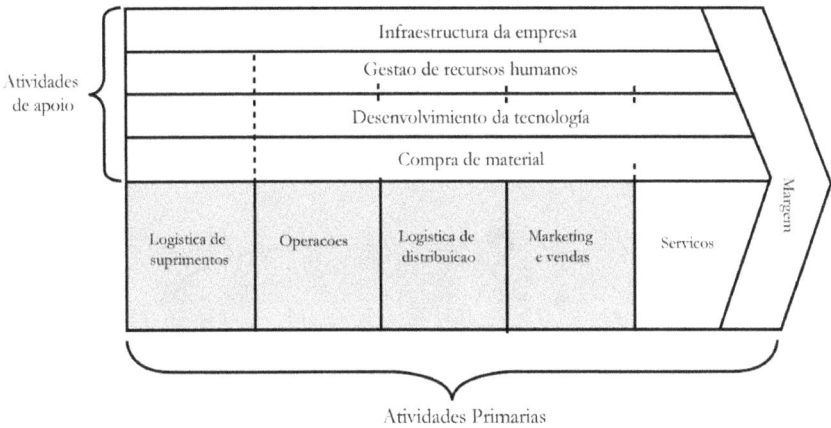

Figura 01: A cadeia de valor (PORTER,1985 *apud* CHRISTOPHER, 2007)

A vantagem competitiva hoje está na gestão eficaz de tempo, segundo Daugherty e Pittman (1995) deve-se utilizar estratégias baseadas no tempo durante toda a distribuição, desde a produção ao ponto-de-venda, pois quando a entrega não atende às necessidades dos clientes, perdem-se oportunidades e, sem um processo de manufatura rápida, as vantagens diminuem ao ponto de deixarem um espaço que pode ser preenchido pelos velhos ou novos concorrentes. A empresa precisa atingir bons níveis de responsividade à montante e à jusante, em toda a cadeia de suprimentos com maior flexibilidade e agilidade (REICHHART; HOLWEG, 2007).

3.3.2 Sistemas puxados e empurrados

No sistema de produção empurrada (Figura 2), que se classifica como tradicional, os materiais são movidos para a etapa seguinte logo que são processados, geralmente em grandes lotes com longo *lead times*. Diante de tanto material em processamento, a administração não é nada fácil. O gerenciamento é induzido a atuar de maneira corretiva. Buscando a utilização da capacidade fabril e o maior volume de produção, excedente produtivo é estocado quando suas metas são cumpridas.

Geralmente tem dificuldade em cumprir o mix, ou seja, atender ao cliente. Os problemas não são visíveis e não são fáceis de resolver. As interrupções do fluxo são constantes e a qualidade final, assim como os custos, não são tão competitivos em nível global.

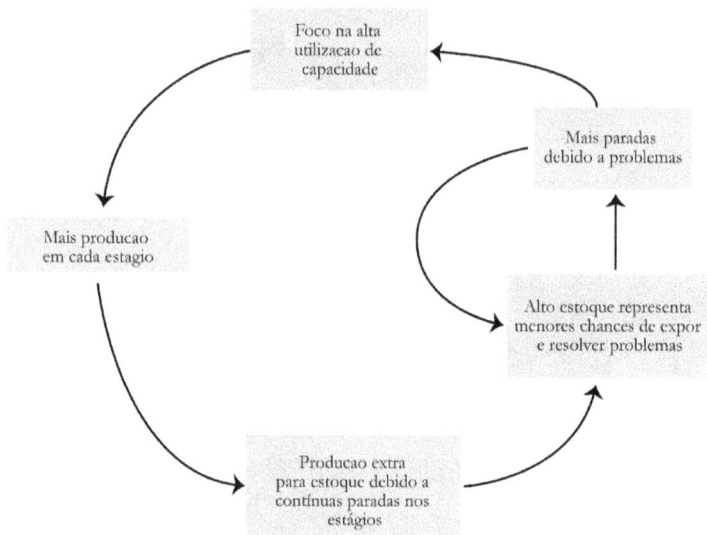

Figura 02: Analogia da produção empurrada (SLACK *et al.*, **2009)**

No sistema de produção puxada, que classifica como enxuta, os materiais são movidos somente quando solicitados pela próxima etapa, geralmente em pequenos lotes com *lead times* menores do que no sistema tradicional, facilitando o gerenciamento do fluxo de valor da cadeia produtiva. O gerente do fluxo faz o mapeamento da cadeia e busca a perfeição, procurando atuar preventivamente. Sua maior preocupação está em produzir somente a necessidade do cliente, com qualidade assegurada, evitando as interrupções do processo produtivo, como mostra a Figura 03 (SLACK *et al.*, 2009).

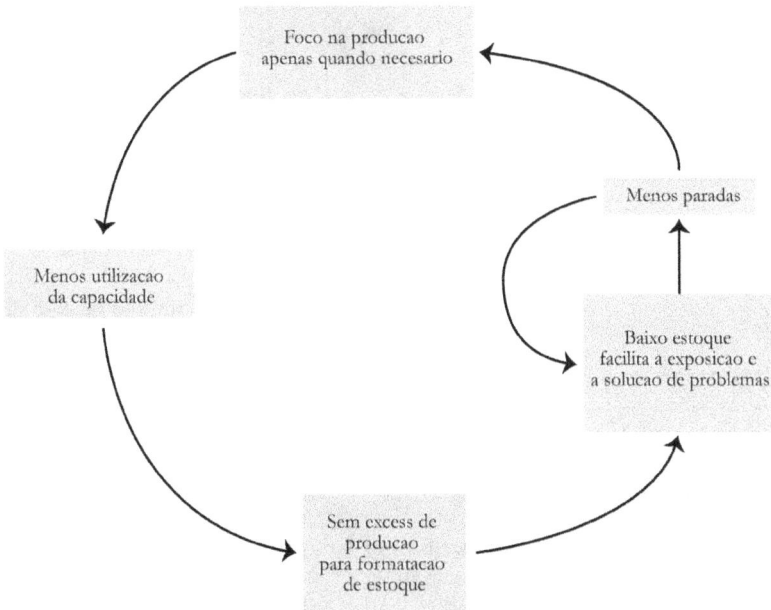

Figura 03: Analogia da produção puxada (SLACK *et al.*, 2009)

Entende-se que uma manufatura nasce de um projeto, com necessidades funcionais para atender aos clientes com base em parâmetros, e que sua estrutura não é rígida, mas evolui de maneira contínua.

3.3.3 Gerenciamento de suprimentos

O fluxo de valor é toda ação com ou sem agregação de valor que é necessária para a transformação de cada produto, onde é importante o fluxo de produção da matéria prima até o consumidor e o fluxo de projeto da concepção até seu lançamento. O fluxo total de valor atravessa toda a cadeia, na direção do consumidor e inicia na última camada de fornecedor e transpassando pela manufatura, Figura 04:

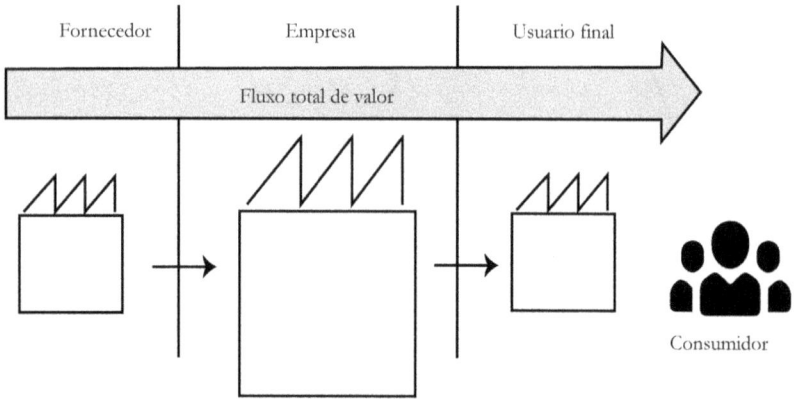

Figura 04: Ilustração fluxo total de valor (adaptado de ROTHER; SHOOK, 1998).

Já existe uma consciência das empresas de manufatura que o gerenciamento da cadeia de suprimentos tem forte implicação estratégica e, através dela, é possível aumentar a competitividade, mas tem surgido a preocupação com a valorização do fluxo de produtos e/ou serviços e fluxo de informações que nas últimas duas décadas as empresas passaram de maneira gradativa a aplicar a ferramenta de mapeamento da cadeia de valor.

A cadeia de valor ou cadeia de suprimentos é a rede de serviços, materiais e fluxos de informações que ligam os processos de relacionamentos com clientes, de atendimento de pedidos e de relacionamento com fornecedores da empresa e de seus fornecedores e clientes (KRAJEWSKI et al., 2009).

O gerenciamento da cadeia de suprimentos é a gestão das relações à montante (desde o início) e à jusante (até o fim) com fornecedores e clientes para entregar mais valor ao cliente, a um custo menor para a cadeia de suprimentos como um todo. Constitui ainda uma Rede de organizações conectadas e interdependentes (Figura 05), trabalhando conjuntamente, em regime de cooperação mútua, para controlar, gerenciar e aperfeiçoar o fluxo de matérias-primas e informação dos fornecedores para os clientes finais (CHRISTOPHER, 2007).

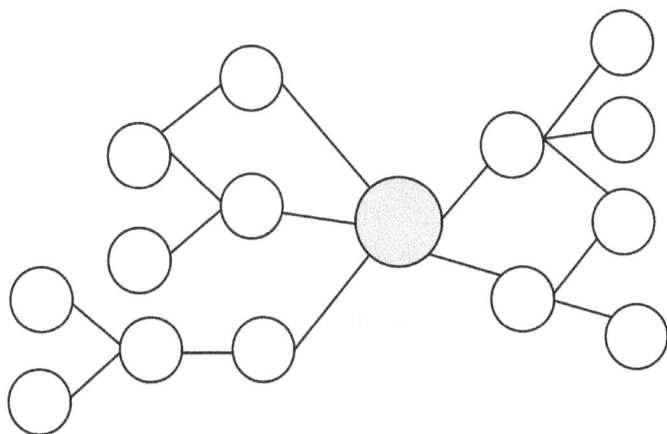

Figura 05: A rede de suprimentos (CHRISTOPHER, 2007).

No centro da rede de suprimentos encontra-se a empresa A (empresa focal), e as empresas B e C (nível focal) representam empresas coligadas ou até mesmo empresas concorrentes. À direita da ilustração o *output*, os clientes por camadas ou também chamadas de clientes por linha, à esquerda encontra-se o *input*, os fornecedores por camadas ou linhas. Quando se trata da perspectiva que a cadeia está sendo desenhada se tem a esquerda da empresa A, à montante, as camadas de fornecedores e à direita da empresa A, à jusante, estão as camadas de clientes. Há na ilustração o fluxo de produtos e /ou serviços na direção de esquerda para direita e o fluxo de informações na direção contrária, em linhas pontilhadas sempre da direita para esquerda são os estímulos para o suprimento. A direção indica o que se deseja conquistar ou para onde se deseja caminhar (CARVALHO; PALLADINI, 2005).

3.3.4 Gerenciamento de projetos

O gerenciamento de projeto é entendido como sendo a totalidade de tarefas de lideranças e métodos organizatórios que são necessários para o desenvolvimento de um projeto com sucesso. Slack et al. (2009), Corrêa e Corrêa (2007) e Murman et al. (2002), destacam que o gerenciamento de projeto deve abranger atividades para definição de objetivos, organização, planejamento, execução, controle e monitoração de todas as tarefas e recursos necessários para alcançar os objetivos definidos para um projeto.

Um projeto é um empreendimento, no qual durante um determinado período de tempo deve ser alcançado um objetivo definido e que se caracteriza por ser essencialmente um empreendimento único. As ferramentas do método gerenciamento de projetos são descritas e utilizadas nas diretrizes: Diretriz de planejamento, Planejamento de recursos e tempo e Gerenciamento de riscos e escalonamento. É aplicável com frequência nas áreas de desenvolvimento, fabricação e gerenciamento de qualidade (PRADO, 2004a; PRADO, 2004b, CARVALHO; RABECHINI JR, 2008; XAVIER, 2009).

O planejamento de recursos e tempo designa os recursos disponíveis para os necessários pacotes de trabalho, para alcançar de forma eficiente os objetivos e marcos definidos. Eventualmente objetivos, marcos, pacotes de trabalho ou recursos precisam ser ajustados para alcançar uma ótima situação geral, portanto, passa a ser relevante a manutenção dos objetivos e prazos de projeto, evita-se planejamento múltiplo de capacidades, controla-se a conexão lógica entre pacotes de trabalho, comunicam-se responsabilidades e acompanha-se o progresso de trabalhos durante o projeto para evitar desvios nos custos, tempo e qualidade.

O gerenciamento de riscos e escalonamento é uma ferramenta para controle de riscos e medidas para proteção dos objetivos de um projeto contra efeitos indesejados. Esse gerenciamento serve para identificar e avaliar riscos, bem como, executar medidas, ação em lugar de reação, o mais cedo possível. Essa ferramenta é utilizada em intervalos regulares pelo time do projeto, sob moderação do gerente do projeto.

Nem todos os problemas, dificuldades e despesas adicionais que surgem durante os processos de planejamento de um projeto podem ser previstos e prevenidos. O gerenciamento de riscos e escalonamento serve para auxiliar no cumprimento de requisitos de prazos e volumes, no cumprimento da manutenção de custos de planejamento do projeto, custos de investimentos e no cumprimento de objetivos de qualidade definidos na proposta do projeto (CORRÊA, 2010; CORRÊA; CORRÊA, 2007; PRADO, 2004a; PRADO, 2004b; CARVALHO; RABECHINI JR, 2008; XAVIER, 2009).

Todas as atividades são desenvolvidas e controladas por um gerente de projeto que deve ser treinado em gerenciamento de riscos e escalonamento e deve aplicar os conhecimentos continuamente nos projetos correspondentes, juntamente com o time completo. Estão definidos níveis de escalonamento que conforme as classes de riscos resultam em um processo padronizado de escalonamento. Os riscos são classificados para cada projeto em uma lista de riscos e os procedimentos são observados conforme classe de riscos e as medidas são acompanhadas até sua implementação.

3.3.5 Processo de desenvolvimento de produtos

O processo de desenvolvimento de produtos é a diretriz para projetos de desenvolvimento de produtos e fornece as ferramentas para o processamento do projeto e assegura preventivamente a qualidade do produto. Com este processo se definem as atividades, métodos, objetivos das fases e analisam-se as decisões com foco nos prazos, custos e qualidade. Essa é uma forma de orientar o projeto para as melhores práticas, transferir conhecimento de maneira uniforme para os colaboradores da empresa (SLACK *et al.*, 2009; LIKER; MEIER, 2007; MURMAN *et al.*, 2002; MORGAN; LIKER, 2008).

3.3.6 Trabalho em equipe

O trabalho em equipe é uma forma de organização em que pessoas trabalham juntas, para executarem de forma ótima tarefas complexas, com a finalidade de juntas alcançarem os objetivos da empresa. Na empresa, o trabalho em equipe auxilia para a concentração de cada participante em objetivos comuns e reforça assim o sentimento de responsabilidade de todos. Ajuda também no desenvolvimento adicional de todos os colaboradores e aumenta a responsabilidade comum, trabalho em time auxilia o sucesso da empresa para assegurar o aumento da identificação dos colaboradores com a mesma e aumento da satisfação dos colaboradores, envolvendo a todos no processo de otimização (LIKER; MEIER, 2007; MURMAN *et al.*, 2002; LIKER; MEIER, 2008; LIKER; HOSEUS, 2009).

Constitui-se maior eficiência do trabalho através de colaboradores engajados e cooperantes entre si. As tarefas complexas são mais bem dominadas e coordenadas quando se utiliza os conhecimentos especializados de membros individuais da equipe. Para tanto se deve informar e comunicar de forma padronizada, os grupos devem discutir os problemas e soluções sempre que possível (CHAVES, 2005; CHAVES, 2006).

A pesquisa de clima é um instrumento para a avaliação do comportamento de liderança de um gerente e para a elaboração de soluções compartilhadas para o melhoramento do clima de trabalho e melhorar a colaboração dentro de uma unidade da organização. O diálogo entre a gerência e seus colaboradores subordinados é moderado por uma pessoa treinada, com ajuda de um processo sistemático e padronizado. A pesquisa de clima deve prover auxílio para a auto-ajuda. Antes ou durante cada turno os colaboradores conversam e esse diálogo com a equipe é um breve intercâmbio de informações. Faz-se necessário no chão de fábrica o intercâmbio de informações para o trabalho diário, distribuição de postos de trabalho, cumprimento de objetivos, erros graves, atual situação da qualidade, novas variantes, refugo, retrabalho, número de trabalhadores (trabalhadores em férias, doentes). Como sugestão pode-se ter um dialogo com a equipe uma vez por dia durante cinco minutos (LIKER; MEIER, 2007; LIKER; MEIER, 2008; LIKER; HOSEUS, 2009; CHAVES, 2005; CHAVES, 2006).

Na matriz de responsabilidades, as tarefas e atividades recorrentes são claramente documentadas, distribuídas aos grupos de pessoas responsáveis, o tipo de responsabilidade é definido e, caso seja requerida, a frequência de execução de tarefas é registrada e documentada. Quem faz o quê, como e quando. Visualizam-se as responsabilidades, controla-se a execução de tarefas. A matriz de responsabilidades é criada para todas as atividades e tarefas recorrentes. A documentação é disponível para cada grupo e é apresentada publicamente. Cada colaborador conhece suas tarefas e obedece à sua designação pela matriz de responsabilidades (SANTOS *et al.*, 2009; ANTUNES *et al.*, 2008; CORRÊA; CORRÊA, 2007; SHINGO, 1996; LIKER; MEIER, 2007).

3.3.7 Prevenção de defeitos

Prevenção de defeitos significa identificação de fontes de defeitos no desenvolvimento de produtos e processos, antes da produção em série e evitar sua ocorrência através da implementação de medidas adequadas.

A prevenção de defeitos também pode ser ativada pela constante análise de defeitos detectados, lições aprendidas. Quanto mais tarde for detectado e corrigido um defeito, mais dispendioso ele fica, pois todo defeito custa tempo e dinheiro. Na prevenção de defeitos no processo de desenvolvimento de produtos e processos pode envolver os fornecedores, principalmente na fase de desenvolvimento, os colaboradores conhecem defeitos do passado, é viável que os defeitos fiquem documentados sistematicamente e sejam tratados de forma preventiva.

Existem várias ferramentas que podem ser utilizadas para prevenção de defeitos. Não falaremos delas neste livro, pois nosso objetivo aqui é apenas apresentar um pouco mais sobre Lean e seus benefícios na empresa como um todo!

3.3.8 Padronização

O trabalho padronizado define, explicitamente, como um processo de trabalho deve ser executado. O trabalho deve ser executado sempre da mesma forma, independentemente de pessoa, local ou tempo e cada padrão individual representa um determinado tempo, o melhor e mais seguro caminho para a execução de uma tarefa, lembrando que o trabalho padronizado se torna transparente através da gestão visual.

A vantagem do trabalho padronizado está em manter a conformidade dos padrões para assegurar eficiência e transparência sustentadas de processos de trabalho, tornando visíveis os desvios existentes. Melhorar continuamente aumenta segurança e estabilidade de processos e promove a qualificação de colaboradores. Esse método precisa do envolvimento dos colaboradores e iniciativas às melhorias (DAILEY, 2003; LIKER; MEIER, 2007; MURMAN *et al.*, 2002; CALADO, 2006).

3.3.9 Melhoria contínua

O processo de melhoria contínua (do inglês *continuous improvement process*: CIP) serve para o contínuo e consequente melhoramento executado em pequenos passos em toda empresa, com envolvimento de todos os colaboradores, como visto na Figura 06. As melhorias alcançadas são registradas como padrão, para assegurar sua incorporação no processo e eventualmente sua transferência a outras áreas de aplicação. Assim como no *kaizen* o que se deseja é aumento da produtividade e qualidade, redução de desperdícios, rápida implementação de medidas de melhorias, melhoria de fluxos de trabalho e re-projetar os postos de trabalho, para atingir *lead times* menores com a motivação dos colaboradores através da implementação de suas ideias e sua integração na empresa (DAILEY, 2003; MIYAKE, 2008; SLACK *et al.*, 2009; KRAJEWSKI *et al.*, 2009; MARTINS, 2005; JACOBS, 2009; STEVENSON, 2001; MOREIRA, 2008; GAITHER; FRAIZER, 2007; CORRÊA; CORRÊA, 2007; SHINGO, 1996; LIKER; MEIER, 2007; MURMAN *et al.*, 2002; MORGAN; LIKER, 2008, CAMPOS, 2004, CALADO; LIMA, 2003). O processo de melhoria contínua (CIP) possibilita uma melhoria adicional entre os saltos representados por inovações:

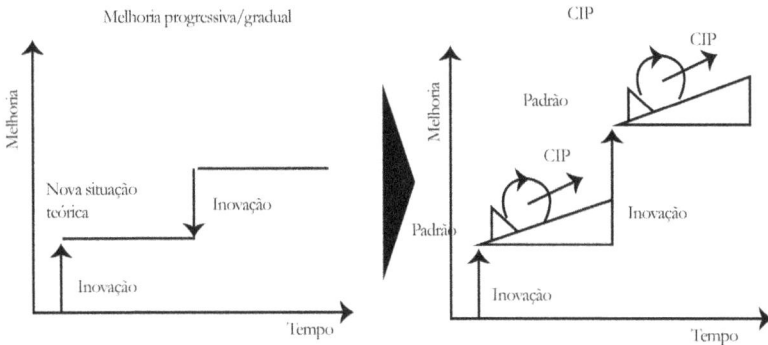

Figura 06: Processo de melhoria contínua (adaptado de CAMPOS, 2004).

Técnicas de solução de problemas são procedimentos sistemáticos padrão, utilizados para identificar as causas básicas de problemas, a fim de eliminá-los completamente. Dessa maneira, analisam-se as causas e as soluções de problemas, redução do tempo entre a identificação e a eliminação ou correção de problemas. A solução de problemas é efetuada em todos os níveis, com ferramentas adequadas para cada situação (ANTUNES *et al.*, 2008; STEVENSON, 2001; LIKER; MEIER, 2007; MURMAN *et al.*, 2002).

Aplicar as ferramentas para melhoria contínua de processos e fluxos de trabalho, no âmbito de moderação de *workshops* com envolvimento de colaboradores é uma alternativa para o melhor envolvimento dos colaboradores no processo de melhoria contínua, gera-se um aumento da vontade de implementar melhorias e incentiva os colaboradores participantes. *Workshops* são executados conforme plano e de acordo com a necessidade de melhoria contínua, tem-se a oportunidade dos participantes apresentarem os resultados para os gestores e facilita a implementação com visualização no local e monitoramento dos resultados.

3.4 Princípios e abordagens Lean

Em engenharia e gestão entende-se que uma manufatura nasce de um projeto com necessidades funcionais para atender aos clientes com base em parâmetros de projeto e que sua estrutura não é rígida, portanto podem-se identificar os cinco princípios do pensamento enxuto das organizações e do Sistema Toyota de Produção. Segundo Womack e Jones (1998), os cinco princípios considerados como base para a produção enxuta no Sistema Toyota de Produção são:

VALOR: capacidade oferecida a um cliente no momento certo a um preço adequado, conforme definido pelo cliente.

CADEIA DE VALOR: atividades específicas necessárias para projetar, pedir e oferecer um produto específico, da concepção ao lançamento do pedido à entrega, e da matéria-prima às mãos do cliente.

FLUXO: realização progressiva de tarefas ao longo da cadeia de valor para que um produto passe da concepção ao lançamento, do pedido à entrega e da matéria-prima às mãos do cliente sem interrupções, refugos ou retro fluxos.

PRODUÇÃO PUXADA: sistema de produção com instruções de entrega das atividades a jusante para as atividades a montante no qual nada é produzido pelo fornecedor a montante sem que o cliente a jusante sinalize uma necessidade.

PERFEIÇÃO: eliminação total de qualquer atividade que consome recursos, mas não cria valor para que todas as atividades ao longo do tempo de uma cadeia de valor criem valor.

Nas últimas décadas, os altos executivos das empresas têm adotado programas de melhorias no esforço de transformar as companhias para competirem com sucesso no futuro, como exemplo das iniciativas de melhoria tem-se: Gestão da qualidade total; Produção e sistemas de distribuição (*just-in-time*); Competição baseada no tempo; produção enxuta / empresa enxuta;

Criação de organizações focalizadas no cliente; Gestão de custos baseada em atividades; *Empowerment* dos funcionários e Reengenharia.

As melhorias exigem grandes mudanças e as metas desses programas não são as melhorias incrementais ou da sobrevivência, mas um desempenho que permita o sucesso na era da informação e do conhecimento (KAPLAN; NORTON, 1997).

Para se atingir uma excelência em manufatura, os princípios para a produção enxuta podem ser implementados e significam os objetivos ou o que se quer alcançar. Os métodos e ferramentas, segundo a abordagem da produção enxuta, são derivados dos princípios, para se alcançar os objetivos. Tais métodos descrevem os processos a serem implementados é o meio como se deseja alcançar os objetivos e são representados pelas ferramentas.

As capacidades ao longo de processos de fabricação são amplamente sincronizadas e alinhadas com os métodos e ferramentas. Na figura 07, baseada na abordagem de Slack *et al.* (2008) descrevem-se o objetivo (sincronismo enxuto), a abordagem para vencer as barreiras a fim de implementar a sincronização enxuta, os métodos para eliminar as perdas e as várias técnicas que podem ser usadas para ajudar a eliminar as perdas.

Segundo Feld (2000) e Satolo *et al.* (2000) os métodos e técnicas que em geral são utilizados na implementação da produção enxuta, objetivando o combate às fontes de desperdício e melhorias no processo, podem ser agrupadas em cinco grandes grupos que são:

Fluxo de produção – abrangem métodos e técnicas relacionadas com trocas físicas, procedimentos de desenvolvimento de produtos e definição de padrões necessários.

Organização e cultura – refere-se a questões relacionadas ao indivíduo, aprendizado, comunicação e valores partilhados na organização.

Objectivo	Abordagem	Método	Ferramenta/Técnica
		Fluxo enxuto	Leiaute
			Fluxo enxuto
Sincronização enxuta	Eliminar perdas	Atender a demanda	Tecnologia simplificada
	Envolver todos	Aumentar flexibilidade	Controle puxado
			Kanbans
	Melhoria contínua		Redução da preparação
		Reduzir variabilidade	Programa nivelado
			Modelagem mista
			Suprimento enxuto

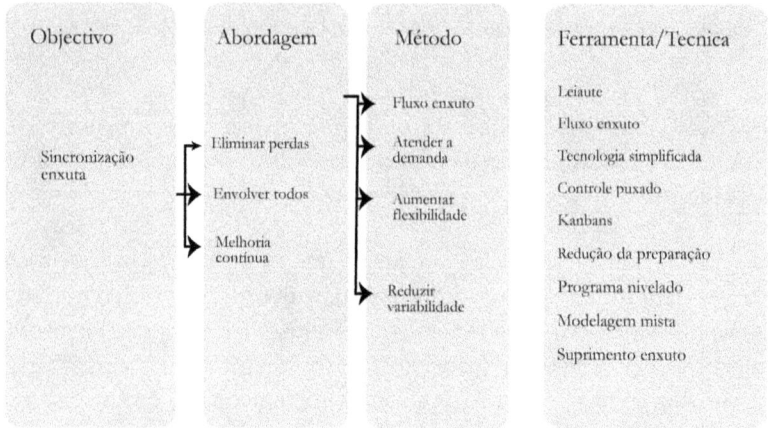

Figura 07: Sincronização enxuta (adaptado de SLACK *et al.*, 2008)

Controle de Processos – abordam métodos e técnicas relacionadas ao monitoramento, controle, estabilização e melhoria do processo de produção.

Métricas – englobam métodos e técnicas que medem o desempenho, metas de melhorias e recompensa na atuação de times de trabalho e colaboradores da organização.

Logística – relaciona regras de funcionamento, técnicas e métodos de planificação e controle de fluxos de materiais internos e externos à organização.

Enfim, o grande objetivo do método Lean é reduzir desperdícios para que aumentar os resultados da empresa.

Já discutimos sobre o que é uma startup nos capítulos anteriores. Mas é importante refletir: de onde surgiu este termo? Bem a palavra Startup vem de Start, que significa:

Start
start

n **1** partida, começo (de um movimento, de viagem, de corrida etc.). **2** começo, início, princípio. **3** arranco, impulso, ímpeto. **4** sobressalto, susto. **5** vantagem, dianteira. **6** lugar de partida. **7** arranque (motor). **8** soltar, ceder. **9** provocar, originar. **10** fundar (negócio). (Dicionário Michaellis).

Para fundar um negócio de sucesso é que a metodologia lean startup foi desenvolvida. Ela é uma abordagem que busca eliminar o desperdício de tempo e de recursos gastos com o esforço de tentar compreender o que os clientes realmente querem. A tarefa do *Lean Startup* é encontrar "uma síntese entre a visão da empresa e o que os clientes aceitariam: não se render ao que os clientes acham que querem ou dizer aos clientes o que eles devem querer" (RIES, 2012).

Sobre os estudos de *Lean Startup* de Eric Ries, Hart (2012) afirma que o "uso do termo *Lean* é consistente com a filosofia de gestão do Sistema Toyota de Produção e que neste contexto é uma abordagem que se esforça para minimizar o gasto de recurso em qualquer outra coisa que não seja criar valor para o cliente".

Como pudemos perceber no Capítulo 03, o método lean prioriza as relações com os clientes, desde a formação inicial do produto até sua feitura na linha de produção.

A proposta Lean Startup vai de encontro aos 02 primeiros princípios que compreendem o modelo de Sistema Enxuto de Desenvolvimento de Produto citado por Morgan e Liker (2008), que são: "identificar o valor definido pelo cliente para separar valor agregado do desperdício e concentrar esforços no início do processo de desenvolvimento de produto para explorar integralmente soluções alternativas enquanto existe máxima flexibilidade de projeto".

Desta forma, Ries, 2012, pag. 07-08 aponta os cinco princípios do *Lean Startup*:

1º empreendedores estão por toda parte;

2º empreender é administrar;

3º aprendizado validado;

4º construir – medir – aprender;

5º contabilidade para inovação.

Vamos compreender melhor cada um destes princípios:

Empreendedores estão por toda parte:

Nos capítulos iniciais discutimos um pouco sobre as questões de empreendedorismo e sobre o cenário das startups no país. Efetivamente hoje as pessoas buscam empreender mais, seja por oportunidade ou por necessidade! Até as universidades estão dando mais ênfase nos assuntos voltados ao empreendedorismo, tamanho à demanda por ele.

Mas, esquecendo tudo isto e olhando para o mundo à nossa volta, sempre encontramos alguém empreendendo: seja no semáforo vendendo água ou em um supermercado de luxo... Sempre há um empreendedor à nossa volta.

Empreender é administrar:

Esta afirmação não deve ser surpresa para ninguém! Empreender é administrar: o caixa, a produção, pessoas, equipe, ideias... É gerir resultados e alcançar metas. Não há empreendedores de sucesso que não tenham uma empresa de sucesso.

Pode não ser o empreendedor (sócio) que administre toda a empresa, mas com certeza foi ele quem montou o time e soube gerir pessoas; para hoje chegar aonde chegou!

Aprendizado validado:

Falaremos mais sobre validação do aprendizado nos sub-capítulos seguinte, mas startups existem para aprender a desenvolver um negócio sustentável e este aprendizado pode ser validado cientificamente.

Construir – medir – aprender:

Transformar ideias em produtos, medir como os clientes reagem e aprender com eles! É sobre este tripé que iremos decorrer no restante do livro.

Ele é primordial para compreensão do método lean startup e resume bem o passo a passo a ser seguido para transformar ideias em negócios lucrativos.

A seguir a Figura 08 demonstra de forma resumida como funciona este ciclo:

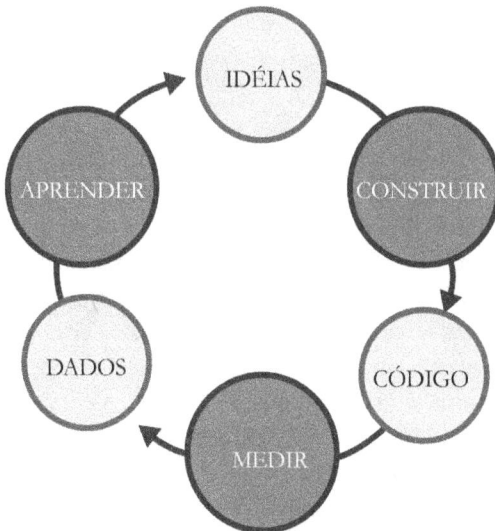

Figura 08: Ciclo construir – medir – aprender. Ries, 2010.

Contabilidade para inovação:

Medir o progresso, definir marcos e priorizar os trabalhos, isto é contabilidade para inovação. Significa que ao invés de culpar as pessoas por algo não sair como o previsto é necessário compreender "porque" não saiu como o previsto? O que efetivamente deu errado? As pessoas não fizeram o que era para ser feito? Porque elas não fizeram? O que faltou à elas? Método? Padrão? Ou os clientes não querem comprar seu produto como ele está agora e desejam mudanças e alterações?

Estas são informações importantes, que precisamos obter de nossos clientes e servem para crescimento da empresa, afinal o *feedback* do público alvo é que dirá o melhor caminho à seguir!

4.1 Começando a tirar suas ideias do papel

Como dito anteriormente, entre os cinco princípios do *Lean Startup*, o que mais nos chama atenção é o tripé "construir, medir e aprender – transformar ideias em produtos, criando algo para os clientes, medir seus resultados com os clientes, aprender com o *feedback* dos clientes e recriar a partir do que aprendeu".

Este tripé é muito similar ao Ciclo PDCA (Plan, Do, Check e Action), que é um método conhecido e utilizado para manutenção, melhoria e inovação de produtos, serviços e processos e se convergem de duas formas: na realização de sucessivas modificações nos processos operacionais ou administrativos, com ganhos sucessivos obtidos sem investimentos, melhoria continua e incremental de uma atividade a fim de criar mais valor com menos atividades que consomem recursos, também conhecido nas empresas como melhoria contínua ou Kaizen; a segunda forma de convergência do PDCA está no ato de projetar um novo processo para se atingir a meta desejada ou fazendo modificações substanciais nos processos existentes, isto se denomina Kaikaku, no qual conduzem grandes avanços com melhoria radical e com novos investimentos (Calado, 2010). Abaixo a demonstração gráfica da correlação do ciclo PDCA com a metodologia *Lean Startup*.

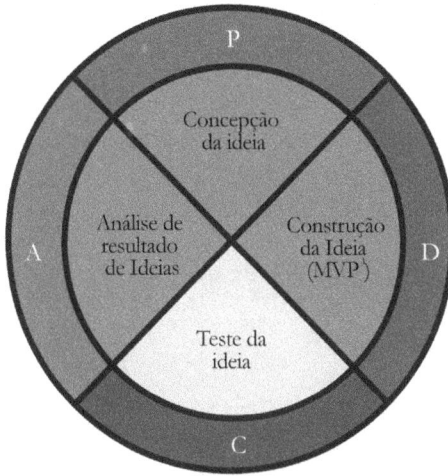

Figura 09: Contraposição do ciclo PDCA com a metodologia Lean Startup

(*MVP – Produto Mínimo Viável – protótipo do produto que objetiva compreender quais as expectativas do cliente frente ao produto).*

Apesar do desenvolvimento de novos produtos e serviços ser encorajador, fazer com que isto aconteça é desafiador. Assim, não se pode esperar que a concepção para novos produtos ou serviços apareçam acabadas, na verdade é necessário testar várias ideias e conceitos até que se defina o conceito geral a perseguir (SLACK, 2009).

A abordagem *Lean Startup* diz respeito exatamente a esta fase do desenvolvimento de um produto, como se podemos verificar na figura a seguir:

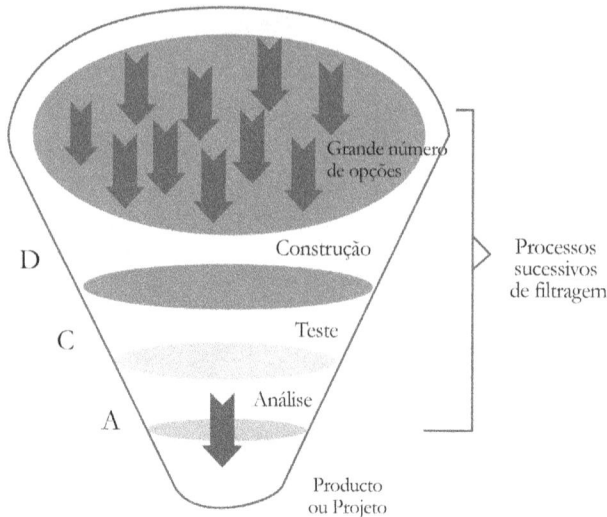

Figura 10: Utilização da metodologia Lean Startup nos processos sucessivos de filtragem das ideias para a concepção de novos produtos ou serviços (Baseado em SLACK, 2009).

Planejar junto com o cliente é importante porque uma empresa moderna deve ser orientada para o cliente; tê-lo no topo de seu modelo de negócios para gerar vantagem competitiva; como afirma Kotler e Keller, 2006. Para que se ganhe efetivamente esta vantagem é necessário entender o que o cliente busca em seu produto/ serviço.

Esse conhecimento sobre o cliente é de extrema importância para todas as empresas, mas para uma Startup pode ser motivo de "vida ou morte". Uma Startup que não conhece bem seu cliente pode investir tudo o que tem em um produto ou serviço do qual não conseguirá vender, causando assim seu fechamento.

Buscando minimizar esta possibilidade, Ries, 2012 insiste que toda *Startup* deve sempre trabalhar dentro do ciclo construir, medir e aprender, sendo o aprender a parte mais importante do processo, já que permite ao empreendedor reconstruir seu projeto/ produto de forma mais assertiva e de acordo com o esperado pelo cliente.

Para desenvolver um empreendimento de sucesso é necessário errar. A gestão de criação e inovação contínua de uma empresa deve se basear na ideia do desenvolvimento de um produto inicial simples e vende-lo para os clientes iniciais que através de seus feedbacks irão auxiliá-lo a desenvolver o produto ideal (RIES, 2012).

Engana-se quem acredita que este "errar" aumenta o desperdício, na verdade cria-se companhias com baixo risco, já que o produto é testado diretamente no mercado de atuação e com o feedback dos clientes se faz os ajustes necessários no produto. Com isto a organização aprende e descobre outras oportunidades em sua volta de maneira mais rápida, O mais importante é que o desenvolvimento do produto seja ágil e de acordo com a necessidade dos clientes (BLANK e RIES, 2012).

O método Lean startup é utilizado na introdução do produto no mercado, sendo assim esta metodologia sozinha não salvará a vida da empresa, mas auxiliará a ela no processo de inserção do seu produto no mercado. Ou seja, após a introdução do produto no mercado, ele passará por todo o ciclo de vida natural de um produto e outras estratégias e métodos precisaram ser utilizados para que este alcance a maturidade. De acordo com Kotler, 2012 quando o produto alcança sua maturidade ele precisa ser revisto e atualizado para não entrar em declínio. RIES (2012) afirma que neste momento a empresa pode enxergar este "novo produto" como uma nova startup e utilizar-se do lean startup novamente. A Figura 11 representa o momento do ciclo de vida do produto que uma startup pode utilizar-se desta metodologia.

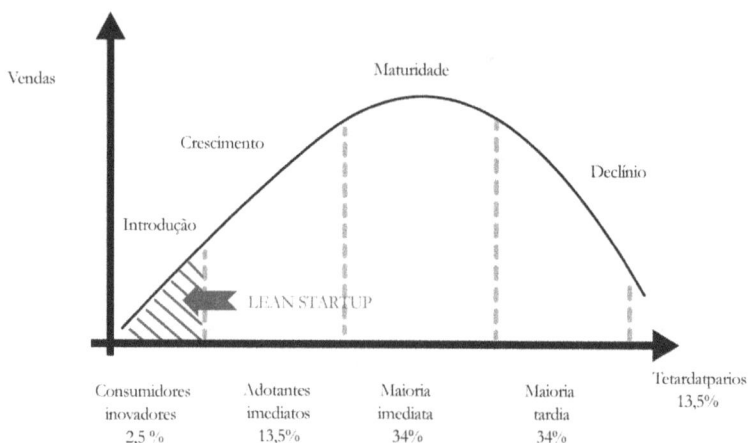

Figura 11: Ciclo de vida do produto: fase do produto em que utilizamos a metodologia Lean Startup

Para utilizar a metodologia *Lean Startup* o empreendedor precisa inicialmente saber qual o seu objetivo, "onde ele pretende chegar". Na sequencia identificar a real necessidade do cliente através de testes realizados no mercado com produtos mínimos viáveis, que devem ser fabricados obedecendo a metodologia *Lean,* ou seja, sem desperdícios, este teste pode ser comparativo entre dois produtos mínimos viáveis quando o teste é de todas as suposições juntas; de julgamento se o cliente conta sua experiência de uso do produto ou serviço ou teste de cada melhoria realizada.

Para a análise dos resultados é preciso utilizar-se das ferramentas científicas e estatísticas, assim garantimos a confiabilidade dos resultados. Isto porque, este teste mostrará se a empresa está no caminho do sucesso – se caminhar no sentido dos seus objetivos – ou do fracasso, caso estes sejam contrários ao que se objetivava.

Quando os resultados são positivos, o empreendedor deve analisar qual será seu motor de crescimento, o que fará seu negócio crescer sustentavelmente, lembrando que todos os produtos e serviços possuem um ciclo de vida e, portanto os processos de inovação devem ser contínuos na empresa.

Já quando os resultados forem negativos será necessário decidir entre pivotar o projeto, ou seja, reiniciá-lo ou desistir dele. Esta decisão não é simples, por isso deve ser tomados juntamente com a equipe da empresa, funcionários, gerentes, patrocinadores e investidores.

4.2 Produto Mínimo Viável - MVP

O MVP não é um protótipo, uma versão reduzida do seu produto; ele é o primeiro produto a ser colocado no mercado.

Nas palavras de Ries, 2012, p.85; "o MVP ajuda os empreendedores a começarem o processo de aprendizagem o mais rápido possível. No entanto, não é necessariamente o menor produto imaginável; trata-se, apenas, da maneira mais rápida de percorrer o ciclo construir – medir – aprender de *feedback* com o menor esforço possível".

Para desenvolver o MVP o empreendedor precisa levar em consideração:

Público-Alvo (Cliente);

Principais valores deste público;

Quais recursos o empreendedor tem em mãos (dinheiro, matéria-prima, etc);

Desenvolver com estes recursos o produto que atenda estes valores.

O MVP não é o produto acabado, é um produto que será vendido, testado e validado pelo mercado. Assim, o empreendedor não pode gastar todas as suas fichas de uma única vez neste MVP.

Para validar este MVP o empreendedor precisa colocá-lo no mercado e testar diretamente com seu público alvo.

4.3 Modelos de Negócios

O modelo de negócio auxilia o empreendedor à tirar sua ideia do papel e oferece as respostas para as 4 perguntas sobre o MVP.

De acordo com Alexandre Osterwalder (2010), um modelo de negócios descreve a lógica de criação, entrega e captura de valor por parte de uma organização. Mostra como a empresa se tornará sustentável, podendo pagar suas contas e obter lucros! E o mais importante: diz a forma que a empresa irá entregar valor para seus clientes.

Dentre todos os modelos de negócios existentes, o que mais tem sido utilizado pelas Startups é o Business Model Canvas do Alexandre Osterwalder. Isto porque o modelo proposto por ele é visual, nos proporciona uma visão sistêmica do negócio, é criado em conjunto com a equipe e com os sócios e é simples de ser feito e fácil de ser aplicado, dando a agilidade e velocidade nas tomadas de decisões que os empreendedores precisam no início de seus negócios.

Veja, ninguém está dizendo para não fazer o Plano Estratégico de Negócios da empresa (aquele com resumo executivo, missão, visão, princípios e valores, plano estratégico de marketing, financeiro, de produção e de RH), pelo contrário, estamos dizendo que você deve iniciar seu negócio com o Modelo de Negócios e assim que obtiver os feedbacks de mercado começará seu Plano Estratégico de Negócios, só que ao invés de elaborar o Plano apenas com dados empíricos e de pesquisas, você irá ter dados reais de mercados, coletados a partir da venda de seu produto mínimo viável.

Sendo assim, quem usa um Modelo de Negócios são as Startups; todas devem começar por ele! Só lembrando que Startup é qualquer empreendimento que envolva incerteza, podendo ser desde um novo produto dentro de uma organização já existente até uma nova empresa.

Um modelo de negócios bem elaborado é aquele criado de forma compartilhada com todos os envolvidos no projeto em questão, sejam sócios ou membros da equipe; é a única forma de garantir que o modelo está coerente e representa exatamente os objetivos do projeto.

O Business Model Canvas é dividido em 9 quadrantes: clientes; proposta de valor; canais; relacionamento; fonte de receitas; atividades chaves; recursos chaves; parceiros chaves e principais custos. Vamos analisar cada um destes itens:

Clientes: quem você irá atender? Para quem é a solução proposta? Em última análise: quem vai pagar a conta?

Proposta de valor: o que você (sua empresa, negócio) oferece para este cliente? Lembrando que as pessoas hoje tem acesso há muitos produtos e serviços, porque o seu cliente vai comprar de você e não do seu concorrente, o que você "vende" ou "oferece" de diferente? Se nos voltarmos para o antigo Plano Estratégico de Negócios, aqui você responde qual é o seu negócio estratégico. Exemplificarei: Se eu perguntar o que a Kopenhagem vende, a maioria responderia prontamente: CHOCOLATE! Mas este é o negócio míope, ou seja, o produto em si! Na verdade o que a Kopenhagem vende é PRESENTE!!! Esse é o negócio estratégico e é por isso que ela pode cobrar muito mais por 100gr de chocolate que a Nestlé, por exemplo. Só mais um argumento: se você comprar uma barra de chocolate Nestlé de 160gr e presentear seu namorado(a), talvez haverá algumas caras feias; mas se você levar 2 trufas da Kopenhagem de 20gr cada, as caras serão bem mais felizes! Assim, qual é o seu PRESENTE?

Canais: como você irá entregar estes valores para seus clientes? Como seu cliente conseguirá chegar até você? Como você irá vender seu produto ou serviço?

Relacionamento: forma de se manter o cliente. O famoso pós venda! Como você irá garantir que seu cliente será fiel à você?

Fontes de receitas: pelo que seu cliente irá pagar? Quanto ele pagaria pelos valores que lhe são oferecidos? De onde vem suas receitas?

Atividades chaves: o que você precisa fazer para que seu projeto aconteça? O que se você deixar de fazer tudo para e nada acontece?

Recursos chaves: quais recursos você precisa para realizar as atividades chaves? Quais itens que se faltarem você não conseguirá desenvolver seu negócio?

Parceiros chaves: quem são as pessoas ou empresas que podem lhe ajudar? Lembrem-se não conseguimos nada sozinhos!

Custos: Quais são os custos principais que você terá para realizar seu negócio? Geralmente eles estão ligados aos recursos chaves e atividades chaves.

A seguir apresentamos o exemplo do Business Model Canvas da Sýndreams:

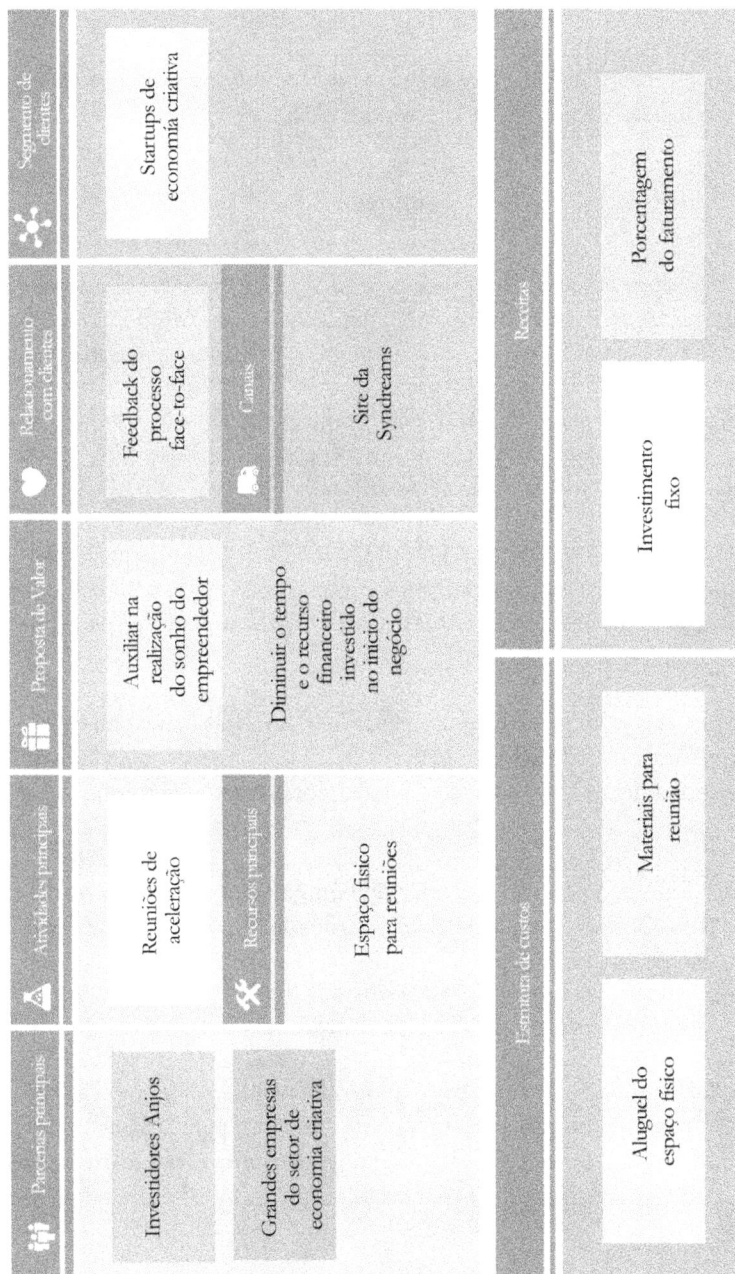

Parceiros principais

Investidores Anjos

Grandes empresas do setor de economia criativa

Atividades principais

Reuniões de aceleração

Recursos principais

Espaço físico para reuniões

Proposta de Valor

Auxiliar na realização do sonho do empreendedor

Diminuir o tempo e o recurso financeiro investido no início do negócio

Relacionamento com clientes

Feedback do processo face-to-face

Canais

Site da Syndreams

Segmento de clientes

Startups de economia criativa

Estrutura de custos

Aluguel do espaço físico

Materiais para reunião

Receitas

Investimento fixo

Porcentagem do faturamento

Para mais informações sobre o Business Model Canvas recomendamos que leiam o livro do Alexandre Osterwalder (2010).

4.4 Como o Lean Startup é compreendido no Brasil?

É difícil apresentar como os empreendedores brasileiros compreendem o Lean Starup, pois ainda é algo novo em nosso país. Até pouco tempo atrás quando se falava em empreender, na prática, tínhamos duas formas:

1ª Fazer: sem estudar mercado, sem conhecimento, sem validações. Quem tinha dinheiro alugava um imóvel e começava. Se desse certo – ótimo; se desse errado – perdia-se tudo!

2ª Pensar e depois fazer: desenhava-se um plano de negócios (aquele apresentado pelos estudiosos e administradores a tempos atrás). Após o plano de negócios pronto, iniciava-se o projeto, mas, via de regra, o plano ia para a gaveta e nunca mais era usado!

E assim seguiu a cultura empreendedora no Brasil até então. E cultura é algo enraizado, difícil de ser mudado... Hoje, mesmo com novas formas de empreender nossos empreendedores continuam repetindo o que se via antigamente:

-Alguns empreendedores acreditam que começar "lean startup" é ter uma boa ideia, um modelo de negócios e um investidor anjo;

-Outros acham que validaram sua hipótese quando testaram seu protótipo em laboratório e ele funcionou;

-Há ainda os que fazem o modelo de negócios, desenha as estratégias de validação da ideia e quando partem para "fazer" (validar no mercado), esquecem tudo o que planejaram e fazem tudo da forma como "acham" que vai dar certo!

O importante é que estão conseguindo perceber que precisam de duas coisas antes de fazer grandes investimentos:

a- Ter um bom modelo de negócios;

b- Validar este modelo de negócios no mercado, ou seja, desenvolver clientes para o produto criado.

Agora, a maior diferença percebida entre os americanos e os brasileiros, é a facilidade os citados primeiramente têm de pivotar seus empreendimentos.

Os brasileiros não possuem esta mesma facilidade; isto porque no Brasil se criou a cultura do "tudo ou nada". Ou seja, se o empreendedor não conseguiu bons resultados da primeira vez ele se torna um "homem de insucesso" para a sociedade.

Assim, nasceu a mentalidade do "não podemos errar, é necessário sempre acertar" que dificulta que nosso empresário pivote quando é preciso!

Conhecemos recentemente um empreendedor que passou exatamente por esta dificuldade, o produto é muito bom, mas ele estava vendendo para o público errado e não havia percebido. Apesar das vendas não acontecerem, ele continuou insistindo no produto e público até que a situação ficou desesperadora e ele "quebrou"!

Hoje, olhando para o que ele fez, consegue perceber que seu produto não era para ser vendido em grande escala, é um produto com alto valor agregado e que tem um público bem específico; ou seja, seu investimento poderia ter sido muito menor e o retorno muito maior, mas ele tinha que ter prestado mais atenção nas indicações do mercado e pivotado o negócio, que neste caso seria fechar a fábrica com mais de 500m² e passar a produzir de forma mais artesanal!

Mas veja, para ele isto seria mostrar que não teve sucesso com seu empreendimento, como ele poderia dizer que iniciou com uma fábrica de mais de 500m² e agora estava em um salão de pouco mais de 50m²?!

Enfim, esta dificuldade não foi observada nos americanos e em outros povos anglo-saxões. Ela tem se mostrado muito mais comum nas populações latinas.

ATENÇÃO: Esta característica não é uma regra! É apenas uma característica que percebemos ao longo dos anos de mentoria e consultoria com empresas e empreendedores! Como tudo, existem exceções!

Um negócio lucrativo não se faz apenas com métodos e modelos de negócios. É preciso ainda utilizar algumas ferramentas administrativas (lembra que empreender é administrar?) para garantir que se chegue ao objetivo.

Mas afinal, o que é uma ferramenta?

Ferramenta
fer.ra.men.ta

sf (lat ferramenta) **1** Qualquer instrumento ou utensílio empregado nas artes ou ofícios. **2** O conjunto desses utensílios. **3** Fragmento de cana usado nas olarias para ornamentar as peças de louça. **4** Reg (Ceará) As esporas do vaqueiro. (Dicionário Michaellis).

Enfim, as ferramentas servem para auxiliar nos trabalhos difíceis, tornando-os mais fáceis de serem feitos! E administrar um negócio, nunca foi fácil, mas hoje com certeza é muito mais difícil.

No passado nosso principal concorrente era nosso vizinho, nossas ideias menos ilustres eram inovações grandiosas. Hoje, quando pensamos em algo novo precisamos primeiro pesquisar para saber se é novo mesmo! Nossos concorrentes estão em qualquer lugar do mundo e muitas vezes são mais competitivos do que nós.

Nossos clientes buscam inovação, conveniência, prazo de entrega, qualidade, entre muitas outras coisas. E para ganharmos esta batalha precisamos ser muito competitivos. Mas o que fazer, como fazer para se tornar competitivo logo no início de um negócio?

Bom, não vamos reinventar a roda, mas sugiro olharmos as ferramentas administrativas que já existem e podem nos ajudar.

5.1 Análise de Ambiente

Antes de ter sua ideia, provavelmente você fez uma Análise de Ambiente, mesmo que informalmente. Você só teve uma ideia depois de perceber que alguém precisa de algo e que ninguém oferece; ou quem oferece não tem qualidade; ou o lugar mais próximo fica a 100 km de distancia!!!

Enfim, você percebeu uma oportunidade no mercado que pode ser qualquer coisa. Mas para perceber esta oportunidade, você estava prestando atenção ao seu redor.

Na literatura acadêmica separamos o Ambiente em: Ambiente Interno; Micro Ambiente e Macro Ambiente. É bem simples. Observem a Figura 12.

No ambiente interno temos a empresa e todos seus setores; no micro ambiente temos os *stakholders* que se relacionam mais de perto com a empresa e no macro ambiente temos o mercado em geral, com suas mudanças políticas, econômicas e sociais.

Quando vamos pensar em nosso negócio, precisamos analisar cada uma destas variáveis, só assim conseguimos entender se é ou não um bom momento para se começar uma Startup. Esta análise nos ajuda a diminuir os riscos.

Mas atenção: ela não é feita apenas no primeiro dia do projeto e pronto! Precisa ser vista e revista com frequência, pois as coisas mudam, e muito rápido!

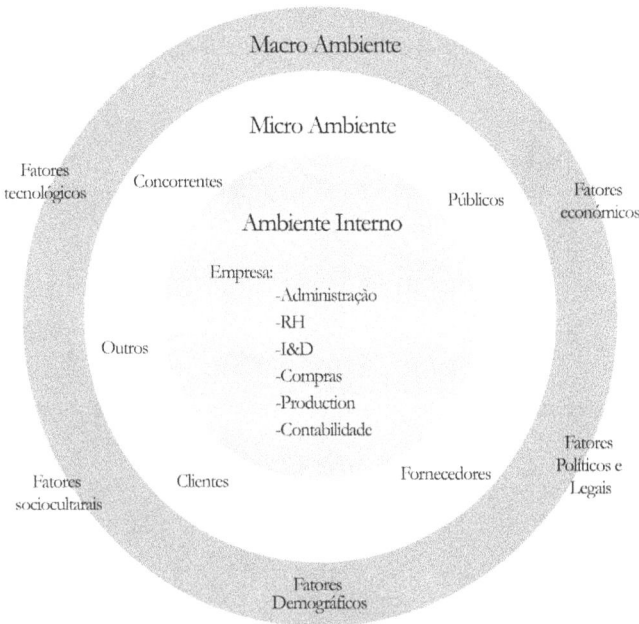

Figura 12: Representação gráfica da Análise do Ambiente

5.2 Análise SWOT – PFOA – FOFA

Calma, não são 3 ferramentas administrativas, são na verdade uma única ferramenta que tem 3 nomes diferentes. Vamos entender esta sopa de letrinhas:

SWOT: Strength; Weakness; Opportunity; Threat

PFOA: Potencialidades; Fraquezas; Oportunidades; Ameaças

FOFA: Pontos Fortes; Oportunidades; Pontos Fracos; Ameaças

Antes de mais nada um esclarecimento: a análise SWOT é um quadro resumo da Análise de Ambiente da empresa, ou seja, tudo aquilo que você analisou anteriormente você organiza nestes quadro quadrantes:

Figura 13: Representação gráfica da Análise SWOT

-As Forças são tudo o que auxilia sua empresa a crescer, todas as coisas boas e positivas;

-As Fraquezas são as coisas ruins ou falhas que sua empresa ainda tem;

-As Oportunidades são os GAP's que você enxergou no Macro ou no Micro Ambiente e que você consegue atender.

-As Ameaças também estão no Macro e Micro Ambiente e podem atrapalhar você de conseguir atingir seus objetivos.

Agora, atenção: CONCORRENTE não é ameaça, nem aqui e muito menos na China. Se você perceber que seu concorrente pode "estragar" seu negócio é porque você tem algumas fraquezas que seus concorrentes não têm.

Assim, descubra quais são suas fraquezas e corrija-as. O seu fracasso não é "culpa" do seu concorrente! Por exemplo: o meu concorrente vende mais barato que minha empresa. Ótimo, ele é mais eficiente e eficaz na produção, consegue negociar um preço melhor com os fornecedores e assim tem um custo operacional menor. Neste caso, seus pontos fracos são: pouca eficiência e eficácia, dificuldade em negociar preços com fornecedores, alto custo operacional. Eu sei que é mais fácil colocar a culpa em alguém, mas não irá resolver seus problemas.

Depois da Matriz SWOT pronta, observe os resultados; o que há de verdade em seu mercado de atuação: oportunidades, ameaças? E você tem mais pontos fortes ou fracos? Coloque tudo na balança e tome a decisão: continuar ou não com o projeto!

5.3 Planilhas de Orçamento e Fluxo de Caixa

Eis aqui outras duas ferramentas importantes para o acompanhamento do desenvolvimento do empreendimento; o Fluxo de Caixa e o Orçamento.

Estas são ferramentas importantes porque um apresenta ao empreendedor um plano a seguir nas saídas e entradas de caixas, o quanto precisará efetivamente vender, onde poderá gastar e o que deverá fazer com o dinheiro (orçamento) e a outra mostra se o que foi previsto no orçamento foi realizado, e se não foi dará a dimensão do que aconteceu, onde está a falha (fluxo de caixa)!

Orçamento: é um conjunto de planos e políticas que, formalmente estabelecidos e expressos em resultados financeiros, permite à administração conhecer, a priori, os resultados operacionais da empresa, e em seguida, executar os acompanhamentos necessários para que estes resultados sejam alcançados e os possíveis desvios sejam analisados, avaliados e corrigidos (MOREIRA, p. 15, 1989).

Fluxo de Caixa: indica a origem de todo dinheiro que entrou no caixa, bem como a aplicação de todo o dinheiro que saiu do caixa em determinado período, oferecendo como resultado o Fluxo Financeiro da empresa (IUDÍCIBUS e MARION, p. 123, 2000).

Primeiro, entendam que nenhuma das duas ferramentas lhe mostrará se a empresa teve lucrou ou prejuízo; pois esta é a função da Demonstração de Resultados de Exercício, elaborada pelos contadores com base no que aconteceu no dia a dia da empresa (que está no fluxo de caixa).

Só para entender melhor: nem sempre uma empresa com dinheiro em caixa é uma empresa com lucros; assim como nem sempre uma empresa sem dinheiro em caixa é uma empresa com prejuízos. Sei que parece complicado, mas não é!

Por exemplo, uma empresa pode estar sem dinheiro em caixa devido à uma grande compra de matéria prima que a descapitalizou. Mas, essa matéria prima toda se transformará em um produto que já foi vendido, faturado e que o cliente pagará quando receber. Assim, hoje a empresa está sem dinheiro em caixa; mas tem lucro (afinal, vendeu tudo o produziu).

Na próxima semana, a mesma empresa entrega a mercadoria e recebe do cliente. Como não tem outros pedidos no momento, não precisa comprar matéria prima e esse valor recebido vai para o caixa. Daí, ela tem um resultado positivo no caixa.

Mas se não entrar nenhum pedido, a empresa não irá faturar. E sem faturamento ela não tem lucro, apesar de ter dinheiro em caixa.

Enfim, o SEBRAE, o Endeavor e outras entidades de classe possuem cursos e treinamentos constantemente sobre Administração Financeira. Acredito que vale muito a pena conhecer mais e se aprofundar sobre o assunto.

5.4 Algumas outras ferramentas

Na administração existem inúmeras outras ferramentas que podem ajudar o empreendedor a gerir melhor o seu negócio, mas como o objetivo deste livro é aplicar o Lean startup nas empresas iniciantes, não iremos nos ater nas demais ferramentas que com certeza você usará após validar sua ideia no mercado.

-Mesmo assim, deixaremos abaixo uma pequena lista de ferramentas que deverá aprender a usar para continuar se destacando no mercado:

-Mapeamento de Fluxo de Valor

-Just in Time e Kanban

-Kaisen

-Gerenciamento Visual

-Programas de Melhoria Contínua – Jidoka

-Trabalho padronizado

Encontrar

en.con.trar

(lat incontrare) vtd e vpr **1** Chocar(-se) contra; embater-se. vpr **2** Andar aos encontrões. vtd **3** Compensar uma verba ou parcela do crédito com as do débito.vpr **4** Disputar, lutar, opor-se. vpr **5** Bater-se em duelo. vtd **6** Achar; deparar, topar. vtd **7** Descobrir. **8** Dar de cara com. **9** Dar de frente; topar. **10** Obter. **11** Estar, achar-se em. **12** Juntar-se no mesmo ponto. **13** Ter conferência casual ou aprazada.

Nos capítulos anteriores discutimos um pouco sobre o cenário empreendedor; sobre as ferramentas que os empreendedores têm atualmente para empreender e também o que é um negócio inovador, uma Startup

Mas, como "juntar" tudo isso e transformar em algo palpável? Como conseguir sendo um empreendedor, no cenário atual do empreendedorismo, criar uma Startup de sucesso utilizando as ferramentas administrativas? Vamos te explicar!

6.1 Método proposto para acelerar os empreendimentos

Para acelerar empreendimentos sugiro a utilização da metodologia Lean Startup, a qual explicarei melhor nas próximas páginas.

Para iniciar o processo, a primeira análise é se o negócio é efetivamente uma Startup, se há inovação no projeto, na sequencia discutir qual o mercado, quem são os clientes, quais as necessidades e desejos deles, que valores buscam, quem irá pagar a conta e quanto estes clientes estão dispostos à pagar! Com estas respostas em mãos desenhamos o MVP.

Na sequencia, o ideal é definir a estratégia para venda deste MVP e estimar um retorno mínimo do investimento realizado até aquele momento. Depois, é mão na massa. Partir para o mercado para testar e validar este produto ou serviço (nos moldes de testes que já foram apresentados no capítulo anterior).

No final, o empreendedor sabe se vale a pena ou não continuar com seu projeto. Se ele tem capacidade de escalar ou não com seu negócio. Se ele vai precisar de investidor anjo ou se conseguirá tocar a Startup apenas com os recursos que ela mesma oferece.

Para compreender melhor como fazer isto, apresentaremos este processo todo em 3 etapas.

6.2 Etapas do Processo

Definimos este processo de aceleração em 03 etapas, que contam com a ferramenta PDCA em seu plano de fundo. Vejam:

Etapa 1: Definição do Empreendimento (30 dias)

PLAN: Analise de ambiente de mercado para o empreendimento;

PLAN: Construção do Modelo de Negócio;

PLAN: Definição do MVP (Produto Mínimo Viável).

Etapa 2: Definição das Estratégias (30 dias)

PLAN: Definição de metas e estratégias;

PLAN: Orientação Financeira;

DO: Apresentação do MVP pronto em funcionamento.

Etapa 3: Up > Monitoramento e Ajustes (120 dias)

DO: Vendas e atividades da empresa

CHECKIN: Monitoramento das atividades, realizada durante quatro meses.

ACTION: Ajustes necessários para atingir a meta.

Etapa 4: Avaliação (1 dia)

CHECKIN: Avaliação do programa e feedback.

A aplicação total deste método se dá em 6 meses, prazo máximo para que o empreendedor coloque sua ideia no mercado e a teste. Por que seis meses é o prazo máximo? Porque todos nós temos ideias, necessidades e enxergamos oportunidades. Se demorarmos muito para tirar nossa ideia do papel, com certeza outra pessoa fará isto e aí o projeto deixa de ser pioneiro e passa a ser apenas uma cópia de quem já está fazendo!

6.3 Responsabilidade dos empreendedores

Os empreendedores são os responsáveis por seus negócios e empreendimentos. Assim, eles precisam estudar o mercado; entender seu cliente; conhecer as necessidades de seu público-alvo; saber seus limites de recursos.

Além disto, o empreendedor é quem coloca a mão na massa e transforma a estratégia em ação. É ele quem recebe o feedback do mercado e precisa analisar o que efetivamente é o mercado e o que é apenas um cliente!

Os métodos e ferramentas são para ajudar. Os mentores e a aceleradora apontam os caminhos. Mas é o empreendedor que precisa percorrê-lo.

Para melhor esclarecer estas etapas, apresentaremos cada uma separadamente nos capítulos a seguir.

Definir
de.fi.nir

(lat definire) vtd **1** Dar a definição de: É possível definir o mal? Definiu em poucas palavras aquela ideia. "O autor quis defini-las por um contraste" (Rui Barbosa). vtd **2** Determinar, fixar. vtd **3** Demarcar, fixar: Convém que cada um defina a sua posição. vtd **4** Interpretar: Não vejo como definir essa homenagem. vtd **5** Dar as qualidades distintivas de: Suas primeiras palavras foram suficientes para defini-lo. vpr **6** Tomar uma resolução ou partido: A esse respeito já nos definimos. vtd **7** Tornar conhecido. vtd **8** Expor com precisão.vtd **9** Expor as diversas faces ou lados de.

Este é o início do processo: sua definição, o que este negócio será? Para quem ele é importante? Quais necessidades serão atendidas com o produto ou serviço?

Esta etapa é dividida em 3 partes: análise de ambiente de mercado para o empreendimento; construção do modelo de negócios e definição do produto mínimo viável.

7.1 Análise de ambiente de mercado para o empreendimento

Aqui o empreendedor precisa responder duas perguntas básicas: a. O que ajuda no desenvolvimento do seu negócio? b. O que atrapalha no desenvolvimento do seu negócio?

É importante que nas respostas tudo seja englobado, desde a falta de tempo para se dedicar ao empreendimento (que o atrapalha) até o conhecimento profundo que seu sócio tem do produto a ser desenvolvido (que ajuda). Tudo, absolutamente tudo deve ser anotado. Se houver dúvidas entre ajuda ou atrapalha (como por exemplo: não temos sala comercial – ajuda, pois não preciso pagar o aluguel; mas atrapalha, pois não tenho onde receber clientes) o empreendedor deve escrever o item nas duas colunas.

ESCREVA AQUI SUAS IDEIAS INICIAIS

AJUDA		ATRAPALHA	

Finalizado este processo, separamos os itens que ajudam em dependem do empreendedor e da empresa para acontecerem (variáveis internas) e não dependem do empreendedor ou da empresa para acontecerem (variáveis externas). O mesmo fazemos com os itens que atrapalham.

ESCREVA AQUI SUAS IDEIAS INICIAIS

AJUDA		ATRAPALHA	
Depende do empreendedor (Interno)	Depende do mercado (Externo)	Depende do empreendedor (Interno)	Depende do mercado (Externo)

Findo este processo temos a análise SWOT inicial da Startup.

ESCREVA AQUI SUAS IDEIAS INICIAIS

	Ajuda	Atrapalha
	Pontos Fortes	**Pontos Fracos**
Interna		
	Oportunidades	**Ameaças**
Externa		

Digo inicial, pois é inicial mesmo. Há muitas mudanças que podem e vão acontecer ao longo da trajetória desta Startup e como vimos anteriormente, a SWOT é um retrato do momento, do agora.

Este "retrato" inicial é importante porque mede desde o início se o negócio a ser desenvolvido poderá ser viável ou não. Explico: de repente alguém tem a ideia de fazer um dispositivo de hardware que cabem 3.1MB de arquivos. Ótimo, mas essa ideia é obsoleta, já temos dispositivos com 60 GB, porque vou fazer com 3.1 MB?

Sei que meu exemplo foi bem esdrúxulo, mas é para ficar claro o porquê já iniciamos com a análise do mercado, antes de mais nada!

Enfim, depois de levantados os pontos fortes e fracos, as ameaças e oportunidades; reforçamos que o mais importante é que você foque todos os seus esforços em seus pontos fortes e oportunidades. Não se preocupe com as ameaças e pontos fracos, concentre seus esforços em aproveitar as oportunidades e os pontos fortes.

Você deve estar se perguntando: mas eu aprendi que eu devo desenvolver estratégias para sanar os pontos fracos e as ameaças... Porque essa inversão?! Explico: seu negócio ainda não existe, você ainda não o tirou do papel, se primeiro você for sanar os pontos fracos e cuidar das ameaças, quem vai aproveitar a oportunidade e fazer a ideia acontecer? Se não for você será seu concorrente!

Preste atenção: eu não disse esqueça seus pontos fracos e ameaças, e sim foque esforços nos pontos fortes e oportunidades. Acompanhe e meça com frequências as ameaças e os pontos fracos, mas não deixe de trabalhar nas oportunidades.

Com uma única exceção: se você chegou a conclusão que um dos pontos fracos ou ameaças impossibilita você de fazer seu negócio acontecer, aí sim, você precisa repensar e minha dica é, pense em um novo negócio! Só uma coisa: pouco dinheiro não é motivo para parar de pensar no negócio. Vocês verão no desenvolvimento do produto mínimo viável.

7.2 Construção do Modelo de Negócios

Esta parte ocorre após o empreendedor pensar e rever sua SWOT, acrescentar e tirar informações advindas do mercado.

Sugiro a utilização do Business Model Canvas, que como já visto anteriormente, resume com eficácia os primeiros passos do empreendimento.

Aqui, o empreendedor precisa responder à algumas questões importantes referentes ao seu produto e público-alvo, tais como:

Quem é seu cliente? Seu público-alvo?

Quais valores esse cliente busca em produto ou serviço semelhante ao que será entregue pela Startup? O que exatamente irá chamar a atenção deste cliente e o fará comprar de você?

Como você irá entregar estes valores para seus clientes? Qual o canal que você usará para fazer isto?

Como você pretende se relacionar com o seu cliente? Como você garantirá que ele voltará a comprar de você ou que ele irá lhe indicar para um amigo? Como você irá fidelizá-lo?

Quem paga pelos valores oferecidos? O próprio cliente? Como ele paga por isto? Mensalmente? Por produto?

Na sequencia, o empreendedor responde alguns pontos importantes sobre o caminhar das atividades dentro da Startup:

Quais são atividades principais que sua Startup precisa fazer para garantir a entrega dos valores para os clientes? IMPORTANTE: liste apenas as atividades que se você não fizer, o cliente não tem produto! Assim, o que não estiver na lista não é prioridade!

Quais são os recursos chaves para que estas atividades aconteçam? Apenas os recursos que tem ligação com as atividades já mencionadas devem aparecer.

Quem são seus parceiros nesta empreitada? Quem são as empresas, pessoas, entidades, enfim que podem ajudá-lo à realizar as atividades chaves, fazer chegar o produto até seu cliente... Parceiro, não fornecedor. Se a transportadora irá cobrar de você

ESCREVA AO LADO SUAS IDEIAS INICIAIS

Segmento de clientes

Relacionamento com clientes

Canais

Proposta de Valor

Atividades principais

Recursos principais

Parcerias principais

Receitas

Estrutura de custos

como faz com todo mundo, ela não é sua parceira, é sua fornecedora!

E por fim, quais são seus principais custos ligados aos recursos chave? É importante frisar que, por exemplo, se você tem um e-commerce, se seus clientes não vão até você, em atividades chaves não está contato pessoal com o cliente, em recursos chaves não está sala comercial para receber clientes, em custos principais não vai aparecer "aluguel da sala comercial"; pois não é um custo ligado aos recursos chaves ou ao desenvolvimento do seu negócio.

Respondias estas questões, temos pronto o Modelo de Negócios Canvas da Startup. Ou seja, a concepção da ideia, o primeiro quadrante do método Lean Startup está fechado. Mas, este é o primeiro modelo, ele precisa ser testado e validado e para isto, utilizamos o produto mínimo viável; nosso próximo tópico.

7.3 Definição do produto mínimo viável

Eis a etapa mais importante no processo de aceleração. Agora é a hora do empreendedor definir seu 1º produto; o que ele irá colocar no mercado; o que será efetivamente vendido.

É imprescindível ressaltar que um MVP não é uma versão pobre do produto final ou uma versão mais barata. Na verdade ele é o produto que atende aos principais valores estabelecidos no CANVAS desenvolvido anteriormente.

Explico: se no modelo de negócios de um designer de móveis, por exemplo, o empreendedor levantou que seu cliente tem como principal valor a qualidade do material utilizado no produto, usabilidade e personalização; os móveis desenhados e criados precisam ser, obrigatoriamente, desenvolvidos com conceito de usabilidade, bons materiais e ser personalizável; ou seja, não adianta apenas criar um móvel cheio de detalhes que no final não servirá para nada a não ser decoração. Esse móvel tem que ter utilidade fim no dia a dia. Neste exemplo, como um dos valores é a personalização, o empreendedor pode criar desenhos e croquis, e "vender" estes itens inicialmente, não precisando obrigatoriamente construir os móveis, afinal um dos valores apresentados é a personalização, o que permite a ele criar sob demanda.

Outro exemplo pode ser a criação de um software. Antes de se investir milhares de reais, o empreendedor pode validar sua ideia testando-a em uma planilha, com funções e macros, por exemplo. Se ele conseguir implantar em uma empresa de verdade e esta afirmar que este "programa" é melhor e que o ajudou em tudo o que precisava, ele pode seguir em frente com seu projeto e agora investir um valor mais alto na elaboração do software em si, mas se tiver respostas do tipo: faz o mesmo que o outro, não mudou nada, é a mesma coisa... Ele precisa rever sua ideia inicial e quem sabe pivotar seu negócio.

O fato acima é real, o empreendedor tinha a ideia de desenvolver um software específico para controlar desde a entrada da matéria prima, passando pela produção, acompanhamento do resíduo deste material e a transformação dele em outro produto (buscando atender uma das determinações da "Lei de Resíduos Sólidos"). Por mais que a ideia pareça ótima, o que se obteve de resposta dos clientes foi: não precisarei disto para os próximos dois anos... Não temos interesse neste produto hoje, mas volte com ele quando a lei passar a multar de verdade! Resultado, o empreendedor pivotou sua ideia inicial e hoje presta consultoria para as empresas no setor ambiental, ajudando-as no que precisa ser feito e como o resíduo deve ser armazenado na empresa. Ou seja, ele descobriu uma necessidade real dos clientes, para o dia de hoje, e não para daqui a dois anos!

Costumamos dizer que se ele tivesse investido o que pretendia já no software teria perdido o dinheiro que acabou usando para se especializar no assunto 'Meio Ambiente' e agora ter retorno efetivo do que foi investido!

Assim, o MVP não é apenas a versão mais simples do produto, ele é a versão que atende aos valores dos clientes e nada mais. Todo o "plus", a "pompa", o "extra" será colocado depois, nas próximas versões, mediante a necessidade e desejo efetivo do mercado.

Em alguns casos, não há uma versão alfa e uma beta do produto, como no caso de produtos já patenteados. Quando isto acontece, trabalhamos com um "MVP" para os canais de vendas. Neste exemplo, elegemos um dos canais apresentados no CANVAS e investimos nossas forças nele. Medimos os resultados e verificamos o retorno.

Este fato aconteceu com uma empreendedora. Desta vez, ela vendia bolsas chics para gestantes. São bolsas maternidades com conceito de moda, ou seja, quem vê por fora, é uma bolsa feminina de grife, mas, por dentro, ela tem todas as repartições e outros benefícios da bolsa maternidade comum.

Não há como existir um MVP da bolsa, ela é uma bolsa de moda e, portanto, precisa seguir as tendências de moda, mas o canal a ser escolhido: lojas multimarcas, lojas próprias, e-commerce, etc...

Para este empreendimento, iniciamos com o e-commerce e o que descobrimos foi incrível: a bolsa gerou interesse em mamães, claro; mas a maior parte das clientes foram mulheres que tinham seu dia iniciado muito cedo e terminado muito tarde, ou seja, elas precisavam carregar muitas vezes uma troca de roupa, sombrinha, garrafinha de água, garrafinha com o chá emagrecedor, barrinhas de cereais, e outras coisas de mulheres, que uma bolsa impermeável por dentro e que mantêm por certo tempo a temperatura de alimentos (característica das bolsas maternidades) ajudaria muito.

Ponto para a empreendedora, que inicialmente pretendia vender suas bolsas apenas nas lojas multimarcas que vendiam itens para mulheres grávidas. Foi por causa desta escolha, vender e-commerce que ela descobriu seu verdadeiro público alvo: as mulheres, de maneira geral, não apenas as grávidas. Isto ampliou a visão inicial do mercado e a vez investir em outros produtos, agora para o público correto!

Findado a construção do MVP, finalizamos o segundo quadrante do método Lean Startup. Agora é necessário definir as estratégias e metas para a venda do produto e também quais serão os pontos de atenção e análise, para fecharmos os dois quadrantes restantes: teste da ideia e estudo dos resultados.

ESCREVA AQUI SUAS IDEIAS INICIAIS

QUAIS SÃO OS PRINCIPAIS VALORES QUE SEUS CLIENTES BUSCAM?

TENTE TRANSFORMAR EM "ALGO PALPÁVEL" CADA UM DESTES VALORES

JUNTE AS PARTES PALPÁVEIS: QUAL SEU MVP?

Estratégia
es.tra.té.gia

sf (gr strategia) **1** Arte de conceber operações de guerra em planos de conjunto.**2** Ardil, manha, estratagema. **3** Arte de dirigir coisas complexas. Var: estratégica.

Agora é hora de ir para a fronte de batalha, mas antes é necessário saber o que faremos lá, qual será o objetivo e como ganharemos a guerra! Quantas perguntas... e para todas a resposta é planejar as estratégias; é isto que faremos nesta segunda etapa. Isto não significa que o produto mínimo viável já está pronto, muitas vezes o empreendedor precisa de mais tempo para finalizá-lo; tudo bem, agora é hora de dividir o tempo e realizar tarefas simultâneas...

Para iniciar esta fase, o empreendedor precisa saber: qual o custo total de seu produto mínimo viável?!

Ressaltamos que o processo é contínuo e a definição das estratégias e metas, muitas vezes auxilia o empreendedor na finalização do seu produto.

8.1 Definição das metas e estratégias

Esta é uma etapa importante e a começamos com a seguinte pergunta: quanto o empreendedor pretende ter de retorno, em números reais, com as vendas do MVP? Lembramos que é necessário um número possível de ser alcançado, mas que seja ambicioso ao mesmo tempo.

Após saber este número, vamos à outras perguntas: qual o custo do seu produto? Qual o preço que o mercado está disposto à pagar? Por quanto seus concorrentes diretos ou indiretos vendem?

ESCREVA AQUI SUAS IDEIAS INICIAIS

Responda às perguntas:

Quanto pretende ter de retorno em 4 meses?

Resp:

Qual o custo do seu produto?

Resp:

Quanto o mercado está disposto á pagar?

Resp:

Quanto seus concorrentes cobram?

Resp:

Aí fazemos o cálculo inicial simples: preço de venda subtraído do custo total; na sequencia dividimos o valor que o empreendedor quer ter de retorno pelo "lucro unitário" e temos quantos produtos ele precisa vender no período estipulado.

Exemplo:

Custo do produto A: R$ 120,00

Preço médio de venda no mercado: R$ 400,00

"Lucro unitário": R$ 280,00

Meta do empreendedor: R$ 28.000,00 no final do processo de aceleração (4 meses de teste no mercado)

Conta:

R$ 28.000 / R$ 280 = 100 produtos

IMPORTANTE: chamamos de cálculo inicial simples, pois não levantamos ainda o custo total, ou seja, ainda não levamos em conta: energia elétrica, custo com Internet, telefone, custo para vender o produto, etc. Este na verdade é o ponta pé inicial para discussão das metas que poderão ainda ser revistas!

ESCREVA AQUI SUAS IDEIAS INICIAIS

Faça seus cálculos:

Custo do produto: R$ _____

Preço médio de venda no mercado: R$ _____

"Lucro unitário": R$ _____

Meta do empreendedor: R$ _____

no final do processo de aceleração (4 meses de teste no mercado)

Conta:

$$\frac{\qquad}{\text{Meta do Empreendedor}} \Big/ \frac{\qquad}{\text{Lucro Unitário}} = \frac{\qquad}{\substack{\text{Qtd de produtos} \\ \text{à vender}}}$$

Após a definição de 100 produtos vendidos em 4 meses -> meta; a próxima pergunta é: como o empreendedor pretende dividir esta venda? Ele acredita que irá conseguir vender 25 unidades em cada um dos meses, ou que irá vender menos no primeiro mês, pois ninguém o conhece ainda e com a ajuda do boca a boca venderá mais no 4º mês? Isto depende muito do perfil do empreendedor, do produto escolhido e do público alvo. Não há uma resposta certa ou errada, depende da avaliação feita na SWOT na primeira reunião.

Após esta definição, o empreendedor 'desenha' a estratégia de vendas e abordagem de clientes e parceiros. Um passo a passo e um plano de ação também devem ser elaborados. Tudo muito simples e explicado, cada passo é discutido detalhadamente para que não haja dúvidas na hora de agir.

Todo o plano é pensado a partir de 4 pontos: cliente; valores dos clientes; canal que o cliente usa para comprar e relacionamento com o cliente. Itens já discutidos no CANVAS.

Um modo mais simples de pensar o plano estratégico pode ser utilizar o passo a passo abaixo:

1º Definir os Objetivos por Tema/Área;

Exemplo:

Tema	Objetivo	Indicador de desempenho	Resultados					
			Atual	Planejado				
			1999	2000	2001	2002	2003	2004
Resultado econômico financeiro	Ter margem operacional acima de 13,5%	MO=(LL/RL) X 100	8,2	8,32	9,68	10,99	12,27	12,51
Participação de mercado	Crescer 6% ao ano no plano Tachimed	BG= (N° de inscrições de BG/total hab) x 100	25,15	26,65	28,25	29,95	31,75	33,65
	Crescer 3% ao ano o n° de atendimentos	(N° de inscritos /total hab) x100	9,63	10,20	10,82	11,46	12,15	12,88
Qualidade	Atingir 97% de satisfação dos clientes	Índice de satisfação do cliente	92	93	94	95	96	97
	Atingir 84% de satisfação dos funcionários	Índice de satisfação do funcionário	77	80	81	82	83	84

Figura 14: Objetivos (VASCONCELOS E PAGNONCELLI, 2001, pg. 366).

2° Definir o que fazer para atingir cada objetivo:

Exemplo:

Objetivo 1: Resultado econômico/ financeiro: ter margem operacional acima de 13,5%

Estratégias:

Criar diferencial de atendimento;

Aumentar a competitividade e potencializar os serviços;

Etc...

3° Definir o plano de ação (o como fazer) cada estratégia:

Exemplo:

<u>Objetivo 1:</u> Resultado econômico/ financeiro: ter margem operacional acima de 13,5%

<u>Estratégias:</u>

Criar diferencial de atendimento;

<u>Plano de ação:</u>

- Desenvolver um aplicativo para o cliente agendar o serviço;

- Disponibilizar a agenda de atendimento no site da empresa para que o cliente possa agendar o serviço rapidamente, com apenas um clique;

- etc...

Terminado o planejamento estratégico, o próximo passo é partir para a ação: finalizar o produto e colocá-lo no mercado seguindo o plano pré-estipulado; mas não sem antes elaborar a planilha financeira de acompanhamento dos investimentos.

ESCREVA AQUI SUAS IDEIAS INICIAIS

Theme	Goal	Performance indicator	Results					
			Current	Planned				
			2014	2015	2016	2017	2018	2019

OBJETIVOS:

ESTRATÉGIAS:

Objetivo 01:
_____
_____
_____

_____
_____
_____

Objetivo 02:
_____
_____
_____
_____

Objetivo 03:

_____
_____
_____

_____
_____
_____

Objetivo 04:

_____
_____
_____

_____
_____
_____

Objetivo 05:

_____
_____
_____

_____
_____
_____

PLANO DE AÇÃO:

Objetivo 01:

Estratégia:

Plano de ação:

Objetivo 02:

Estratégia:

Plano de ação:

Objetivo 03:

Estratégia:

Plano de ação:

Objetivo 04:

Estratégia:

Plano de ação:

Objetivo 05:

Estratégia:

Plano de ação:

8.2 Orientação financeira

É neste momento que o empreendedor avalia os custos e investimentos efetivos no negócio. Quanto você já investiu? Quanto está custando realmente seu produto? Você está colocando tudo na ponta do lápis de verdade?

A seguir, uma sugestão de planilha para controlar os investimentos:

INVESTIMENTOS:

ITENS INVESTIDOS:	MESES			
	1	2	3	4
Locomoção:				
Combustível				
Pedágio				
Alimentação				
Educação e treinamento:				
Sýndreams				
Reading material				
Fóruns e Eventos				
Produto Mínimo Viável:				
Mão de Obra				
Matéria Prima				
Comunicação:				
Cartão de Visita				
Site				
Promoção do produto				
Vendas				

	MESES			
Sócios:				
Hora trabalho Sócio 01				
Hora trabalho Sócio 02				
TOTAL:				

INVESTIMENTOS DE TERCEIROS

	MESES			
ITENS INVESTIDOS:	1	2	3	4
Papelaria:				
Sulfite				
Post it				
Canetas				
Sala de Reunião:				
Espaço de Coworking				
Hora de trabalho:				
Mentor 01				
Mentor 02				
TOTAL:				

TOTAL DE INVESTIMENTOS	

Nestas duas planilhas levantamos o que o empreendedor e terceiros (se houver) investiram até o momento. As linhas podem conter mais ou menos informação, de acordo com o que é preciso investir em cada seguimento ou produto.

Mas, o mais importante é levantar quanto cada empreendedor investiu em horas de trabalho. Quanto realmente vale sua hora de trabalho? Afinal, se estive em uma empresa – como funcionário – teria seu salário!

Geralmente, é nesta hora, que o empreendedor percebe o quanto realmente já investiu em sua ideia. Já vi casos de startups que desistiram de receber investimento anjo, pois o valor oferecido por este era muito menor do que os próprios sócios já tinham investido, em hora trabalho. E este é o principal investimento do negócio, o empreendedor é quem faz a diferença em uma startup e ele é o ativo mais "caro" do negócio.

Enfim, no final soma-se tudo o que já foi investido no negócio, até esse ponto, até esse dia. Tudo o que o empreendedor "gastou" até esse dia é investimento, pois não existia ainda produto sendo vendido!

ESCREVA AQUI SUAS IDEIAS INICIAIS:

INVESTIMENTOS

ITENS INVESTIDOS:	MESES			
	1	2	3	4

	MESES			
Total:				

A próxima etapa é fazer uma previsão de entradas e saídas. Para isto utilizamos uma planilha simples de fluxo de caixa, como no exemplo da página 113.

Na planilha o empreendedor deve levantar as previsões de entrada, de acordo com as metas estipuladas e todas as previsões de saídas, inclusive as que ainda não existem. Explico: uma startup que utiliza a casa de um dos sócios como base de trabalho, geralmente não paga aluguel, água, energia, acesso à Internet; mas todos estes itens fazem parte do custo da empresa e precisam ser contabilizados para que haja um cálculo real de retorno.

Assim, insere-se estes "custos não pagos" pela startup nesta planilha e obtém-se efetivamente o quanto de retorno eles terão no final do processo de aceleração com o seguinte cálculo:

(Saldo total no final dos 4 meses - Total do investimento) / Total dos investimentos = % de retorno no período

É uma conta simplista ainda, frente à que os investidores e o mercado de ações fazem; mas é suficiente para sabermos de antemão quanto e se o negócio poderá dar retorno.

Há casos que o retorno só era possível sem contar os custos de aluguel, água, luz, telefone, etc. que estavam sendo custeados pelos sócios. Quando isto acontece tudo precisa ser revisto, inclusive se a ideia é mesmo viável ou não! Afinal ninguém deseja sair no prejuízo não é mesmo?!

Após a apresentação dos resultados de retorno do investimento, o empreendedor decide se deseja realmente colocar seu produto no mercado ou se o retorno previsto é pouco e ele precisará repensar.

Imprima a planilha da página 107 diretamente no site: www.sandraelisabeth.com.br/ books/

FLUXO DE CAIXA	Anterior		Mês 01		Mês 02		TOTAL	
	TOTAL		TOTAL		TOTAL		TOTAL	
ENTRADAS	Previsto	Realizado	Previsto	Realizado	Previsto	Realizado	Previsto	Realizado
Vendas	R$ -	R$ -	R$ -	R$ -	R$ -	R$ -	R$ -	R$ -
							R$ -	R$ -
							R$ -	R$ -
Investimentos	R$ -	R$ -	R$ -	R$ -	R$ -	R$ -	R$ -	R$ -
Empresa (Sócios)							R$ -	R$ -
Investidores Anjos e Aceleradora							R$ -	R$ -
TOTAL ENTRADAS	R$ -	R$ -	R$ -	R$ -	R$ -	R$ -	R$ -	R$ -

	TOTAL		TOTAL		TOTAL		TOTAL	
SAÍDAS	Previsto	Realizad	Previsto	Realizad	Previsto	Realizad	Previsto	Realizado
Despesas Utilitárias	R$	R$	R$	R$	R$	R$	R$	R$
Aluguel							R$	R$
IPTU							R$	R$
Água							R$	R$
Energia							R$	R$
Internet / Telefone							R$	R$
Máquinas e Equipamentos	R$	R$	R$	R$	R$	R$	R$	R$
Móveis							R$	R$
Equipamentos							R$	R$
Reforma do Prédio							R$	R$
Limpeza e Escritório	R$	R$	R$	R$	R$	R$	R$	R$
Materiais de Escritório							R$	R$
Materiais de Limpeza							R$	R$
Cartucho							R$	R$
Supermercado							R$	R$
Marketing e Comunicação	R$	R$	R$	R$	R$	R$	R$	R$
Cartões							R$	R$
Comunicação Visual							R$	R$
Eventos / Reuniões							R$	R$
Registro de site							R$	R$
Contabilidade e Judiciário	R$	R$	R$	R$	R$	R$	R$	R$
Escritório Contábil							R$	R$
Taxas para abertura de empresa							R$	R$
Conhecimento	R$	R$	R$	R$	R$	R$	R$	R$
Assinaturas de revistas							R$	R$
Livros							R$	R$
Custos de produção	R$	R$	R$	R$	R$	R$	R$	R$
Matéria-prima 01							R$	R$
Matéria-prima 02							R$	R$
IMPOSTOS - X% DO QUE ENTROU EM MÉDIA		[1]	R$		R$		R$	R$
Retirada dos Sócios							R$	R$
TOTAL SAÍDAS	R$	R$	R$	R$	R$	R$	R$	R$

INVESTIMENTOS	Previsto	Realizad	Previsto	Realizad	Previsto	Realizado		
							R$	R$
							R$	R$
							R$	R$
							R$	R$
TOTAL DE INVESTIMENTOS	R$	R$	R$	R$	R$	R$	R$	R$

SALDO DO MÊS	R$	R$	R$	R$	R$	R$	R$	R$
SALDO TOTAL	R$	R$	R$	R$	R$	R$	R$	R$

Quando a escolha é colocar o produto no mercado, é necessário checar se o produto está pronto e se irá atender o que foi discutido ao longo destes 2 meses iniciais.

ESCREVA AQUI SUAS IDEIAS INICIAIS:

$$\frac{\text{(Saldo total no final dos 4 meses - Total do investimento)}}{\text{Total dos investimentos}} = \underline{\quad\quad} \text{ \% retorno}$$

8.3 Acompanhamento

No final desta segunda etapa o empreendedor faz as últimas checagens no produto mínimo viável, mede se ele está de acordo com o modelo de negócio previsto, se os canais de vendas estão prontos para funcionar e como está o canal de relacionamento com o cliente.

Em alguns casos, é neste momento que o processo de aceleração para. Isto porque o empreendedor acaba precisando de mais tempo para colocar seu MVP no mercado. Alguns postergam tanto que o produto idealizado acaba ficando obsoleto ou é substituído por um concorrente que até então não existia.

E é para este ponto que chamamos a atenção: o processo aqui proposto é de seis meses justamente para que em pouco tempo o empreendedor saiba se seu produto é ou não aceito pelo público escolhido e possa fazer as alterações necessárias para ganhar dinheiro com ele. Por isso, costumamos dizer que o "plus" é realmente o algo a mais para o próximo passo, não para o start do processo.

Já vimos casos de startups pensarem em algo para uma data específica e não conseguirem se quer deixar o MVP pronto para teste. Isto é ruim, se perde tudo o que foi investido, muitas vezes por perfeccionismo do empreendedor, outras por eles não acreditarem que sua ideia é efetivamente rentável.

Enfim, os que conseguem colocar seus produtos no mercado, findado a 2ª etapa, percebem rapidamente o que precisam fazer para ganhar escalabilidade e crescer.

ESCREVA AQUI SUAS IDEIAS INICIAIS:

Como está seu produto mínimo viável?

O que falta para ele ficar pronto para o mercado?

Coloque uma data limite para iniciar as vendas:

Monitorar

mo.ni.to.rar

(monitor+ar²) vtd Monitorizar.

Monitorizar

mo.ni.to.ri.zar

(monitor+izar) vtd **1** Acompanhar e avaliar dados fornecidos por aparelhagem elétrica. **2** Controlar, mediante monitorização.

Agora, precisamos acompanhar o que irá acontecer com este produto no mercado. É hora de iniciar a etapa das vendas, ou seja, é o momento de obter o *feedback* dos clientes.

E é nessa etapa que temos mais resistência e desistência. Explicarei: nem todos os empreendedores conseguem tirar a ideia do papel, levá-la ao mercado para testar. Grande parte continua na fase de planejamento, planejando como irá fazer; mas não fazendo muito!

O papel do empreendedor é fazer os ajustes no produto mínimo viável mediante os feedbacks acontecidos durante as vendas.

O que é difícil de muitos entenderem é que nunca uma empresa, em situações de concorrência e mercados normais, irá ter 100% do mercado e não ouvir "não" de nenhum cliente! Geralmente, quando as startups ouvem o primeiro "não", resolvem mudar tudo e voltar ao planejamento, mesmo tendo ouvindo alguns "sins" anteriormente.

9.1 Previsão de retorno de investimento

Com as vendas acontecendo, este é o momento de medir se o que está sendo faturado é o suficiente para cobrir os custos, e quanto este faturamento representa de retorno do que foi investido.

Em alguns casos, descobre-se que o negócio só se paga quando está em grande escala, devido aos custos fixos muito altos. Em outros, o custo variável é que inviabiliza o negócio, pois o cliente final não aceita pagar o preço que o produto valeria.

Este segundo caso, geralmente acontece, quando não se compreende exatamente quais são os valores que este público-alvo busca. São indicadores de o que pivotar, de como mudar e de que caminho seguir.

O cálculo para a Startup do Retorno do Investimento é simples:

$$\text{(Faturamento - Total do investimento)} / \text{Total dos investimentos} = \% \text{ de retorno no período}$$

Sabemos que é um cálculo muito simplista para falar em Retorno de Investimento. Mas se em 6 meses, não se faturou pelo menos 20% do que foi investido no MVP, alguma coisa pode estar errada e é necessário verificar novamente o Modelo de Negócios e pivotar.

9.2 Levantamento de mentorias necessárias

Antes de pivotar, é importante o empreendedor dividir suas dificuldades com outros empreendedores e mentores, ou seja, com outras pessoas que já passaram por esta fase inicial e que tiveram sucesso.

Essas conversas são importantes para que a startup possa após isto tomar sua decisão sobre pivotar o negócio ou parar com ele!

Não é uma decisão fácil, por isso é importante a figura do mentor, que consegue perceber o mercado, as necessidades e orientar este empreendedor. Entenda: orientar, não dizer o que fazer, como fazer e porque fazer; este é o papel do consultor.

O empreendedor precisa entender os motivos que o levaram a tomar uma decisão; não podendo simplesmente acatá-la. Lembre-se, você está começando, por enquanto conhece tudo e tem tudo em sua mão. Se neste momento não conseguir decidir, melhor pensar em outro negócio...

9.3 Validação do Modelo de Negócios e do MVP

Quando as vendas acontecem, e o negócio se desenvolve sustentavelmente, isto demonstra que o Modelo de Negócios e o MVP foram validados. Agora precisa-se dar o segundo passo que é escolher entre continuar sustentável e crescer organicamente ou receber o investimento de um Investidor Anjo.

Sabemos que este crescimento sustentável se dá através de muito trabalho dos empreendedores ao longo dos seis meses. Nem sempre se consegue alcançar os resultados esperados: SUCESSO ABSOLUTO do empreendimento. Mas é possível identificar um outro ponto importante: não investir em algo que não trará retorno.

Apenas após a validação do MVP é que as startups devem buscar Investidores Anjos ou Venture Capital (dependendo do empreendimento). É interessante, que algumas das startups que conhecemos; que tiveram seu MVP validado não quiseram investidores, preferiram crescer organicamente, no seu ritmo e não ter a necessidade de prestar contas a um terceiro.

Resultado
re.sul.ta.do

sm (part de resultar) **1** Ação ou efeito de resultar. **2** O que resultou ou resulta de alguma coisa; consequência, efeito, produto; fim, termo. **3** Deliberação, decisão. **4** Ganho, lucro. **5** Mat Conclusão de uma operação matemática. Dar em resultado: produzir, causar. Não ter resultado: ficar inutilizado ou sem efeito.

Como resultado deste trabalho não esperamos apenas que as empresas recebam um grande investimento e que todos os negócios se transformem no "próximo Facebook". Na verdade, esperamos com este método minimizar ao máximo os riscos do próprio empreendedor em seu empreendimento. Ou seja, tentamos ao máximo provar se a ideia original será viável ou não. Se ela tem mercado e qual é o tamanho real dele!

Cada Startup que já passou por este processo teve seu sucesso particular. Algumas chegaram à conclusão que o investimento pessoal de tempo e recurso não valeria a pena pelos resultados que atingiram.

Outras perceberam que tinham grande potencial de crescimento, mas não de escala; ou seja, têm um ótimo faturamento, suficiente para os sócios e para manter o negócio, mas que não será a "pupila dos olhos" de grandes investidores.

E também há quem desistiu antes mesmo de começar, por nas primeiras analises perceber que o mercado não estaria disposto a comprar a solução proposta, não da forma original! Seria necessário focar a oportunidade e desenhar outra solução para ela, o que alguns empreendedores acharam difícil de ser feito.

Assim, no final de tudo, este método já auxiliou empreendedores a evitarem utilizar todo o recurso de investimento que tinham, possibilitando a todos a chance de pivotar seus produtos/ serviços e reiniciar o processo de validação de mercado; ou mesmo de utilizar este recurso para se estabelecer no mercado e continuar com um crescimento sustentável da empresa.

Desejo à todos muito sucesso e muito trabalho! Vamos lá, use o modelo proposto e teste sua ideia você também!

ESCREVA AQUI SUAS IDEIAS FINAIS:

Qual o *feedback* de seus clientes sobre seu produto?

Vale a pena continuar investindo nele desta forma ou será necessário pivotar?

Qual foi o retorno de investimento que teve até agora?

Há vários caminhos para o empreendedor iniciar um empreendimento no Brasil. Iremos apresentar aqui as formas mais "lean starup" para que isto aconteça, ou seja, a menos custosa possível!

11.1 Entidades de apoio ao empreendedor

O Brasil possui algumas entidades que apoiam o desenvolvimento de novos negócios. As principais, que gostaríamos de citar são:

-SEBRAE

-APEX

-Confederação Nacional das Indústrias (CNI)

-Associações Comerciais

Vamos entender melhor o que cada uma delas faz e como pode lhe ajudar:

11.1.1 SEBRAE[2]

O Serviço Brasileiro de Apoio às Micro e Pequenas Empresas (Sebrae) é uma entidade privada sem fins lucrativos. É um agente de capacitação e de promoção do desenvolvimento, criado para dar apoio aos pequenos negócios de todo o país.

O Sebrae é agente de capacitação e de promoção do desenvolvimento, mas não é uma instituição financeira, por isso não empresta dinheiro. Articula (junto aos bancos, cooperativas de crédito e instituições de microcrédito) a criação de produtos financeiros adequados às necessidades do segmento. Também orienta os empreendedores para que o acesso ao crédito seja, de fato, um instrumento de melhoria do negócio.

2 Informações coletadas no site da entidade: www.sebrae.com.br

O Sebrae atende quem pensa em abrir seu próprio negócio; quem já tem um negócio próprio e deseja ampliar seus resultados e quem busca a formalização do seu negócio.

O Sebrae atua em: educação empreendedora; capacitação dos empreendedores e empresários; articulação de políticas públicas que criem um ambiente legal mais favorável; acesso a novos mercados; acesso a tecnologia e inovação e orientação para o acesso aos serviços financeiros.

11.1.2 APEX-Brasil[3]

A Agência Brasileira de Promoção de Exportações e Investimentos (Apex-Brasil) atua para promover os produtos e serviços brasileiros no exterior e atrair investimentos estrangeiros para setores estratégicos da economia brasileira.

A Agência realiza ações diversificadas de promoção comercial que visam promover as exportações e valorizar os produtos e serviços brasileiros no exterior, como missões prospectivas e comerciais, rodadas de negócios, apoio à participação de empresas brasileiras em grandes feiras internacionais, visitas de compradores estrangeiros e formadores de opinião para conhecer a estrutura produtiva brasileira entre outras plataformas de negócios que também têm por objetivo fortalecer a marca Brasil.

A Apex-Brasil coordena os esforços de atração de investimentos estrangeiros diretos (IED) para o Brasil com foco em setores estratégicos para o desenvolvimento da competitividade das empresas brasileiras e do país.

Ela atua de diversas formas para promover a competitividade das empresas brasileiras em seus processos de internacionalização. Entre os serviços oferecidos por esta agência estão: inteligência de mercado; qualificação empresarial; estratégias para internacionalização; promoção de negócios e imagem e atração de investimento.

11.1.3 Confederação Nacional da Indústria (CNI)[4]

3 Informações coletadas no site da entidade: www.apexbrasil.com.br
4 Informações coletadas no site da entidade: www.portaldaindustria.com.br/cni

A CNI é a voz da indústria brasileira. A entidade atua ativamente na defesa dos interesses do setor produtivo e tem como missão defender e representar a indústria.

Para tanto a CNI atua nas seguintes áreas: competitividade; desenvolvimento associativo; economia; infraestrutura; inovação; internacionalização; leis e normas; meio ambiente e sustentabilidade; pequenas empresas; política industrial e propriedade intelectual.

A CNI engloba as federações industriais, que são à base do sistema de representação da indústria no Brasil e conta com 27 federações que reúnem mais de 1.250 sindicatos e 350 mil empresas. Juntas essas instituições defendem os interesses do setor produtivo na busca de um ambiente de negócios favorável ao desenvolvimento sustentável do País.

11.1.4 Confederação Nacional do Comércio (CNC)[5]

A Confederação Nacional do Comércio de Bens, Serviços e Turismo é uma entidade sindical que representa os direitos e interesses dos quase cinco milhões de empreendedores do comércio brasileiro. Juntas, essas categorias respondem por cerca de 1/4 do Produto Interno Bruto (PIB) brasileiro e geram aproximadamente 16 milhões de empregos diretos e formais.

A CNC assegura os interesses e avanços do setor em órgãos de jurisdição e consultivos, no Brasil e no mundo. Nesses organismos, ela contribui com as decisões e com a formulação de diretrizes de políticas econômica, administrativa, social e ambiental.

No entanto, a atuação da CNC vai além de defender os interesses desses segmentos. A Confederação administra, também, um dos maiores sistemas de desenvolvimento social do mundo – o Serviço Social do Comércio (Sesc), com atuação nas áreas de educação, saúde, cultura e lazer, e o Serviço Nacional de Aprendizagem Comercial (Senac), principal agente da educação profissional voltada para o setor do comércio de bens, serviços e turismo.

---

5 Informações coletadas no site da entidade: www.cnc.org.br

11.2 Começando sua empresa de forma "Lean startup"

Após sua ideia/ projeto ser validada é hora de transformar "isto tudo" em negócio real! Para isto, você precisará de um CNPJ (Cadastro Nacional de Pessoa Jurídica) que é o cadastro administrado pela Receita Federal do Brasil que registra as informações cadastrais das pessoas jurídicas e de algumas entidades não caracterizadas como tais.

Além de ele ser um documento de identificação perante a Receita Federal, o CNPJ é usado em aberturas de contas jurídicas, financiamentos, na elaboração de contratos e para diversos outros fins.

De acordo com a Receita Federal brasileira, para se solicitar um CNPJ é necessário apresentar os seguintes documentos:

a) FCPJ – Ficha Cadastral da Pessoa Jurídica, que é preenchida diretamente no sítio da Secretaria da Receita Federal do Brasil (RFB) http://www.receita. fazenda.gov.br, por meio do Aplicativo de Coleta Web. A FCPJ deverá ser acompanhada do QSA (no caso de sociedades);

b) Quadro de Sócios e Administradores (QSA);

c) Ficha Especifica, de interesse do órgão convenente: e

d) Documento Básico de Entrada do CNPJ (DBE) ou Protocolo de Transmissão, conforme modelos constantes dos Anexos I E II da IN RFB n° 1.183, de 19 de agosto de 2011.

E se você não for brasileiro, precisará ainda apresentar o visto do consulado brasileiro, juntamente com os demais documentos.

Difícil de entender? Sim, por isso nosso conselho é: procure um escritório contábil e solicite que o contador realize todos os tramites necessários!

O mais importante é compreender o fluxo do processo de abertura de empresas no Brasil, que atualmente segue o seguinte modelo, de acordo com o Portal da Cidadania e Justiça do Governo Federal:

O processo de abertura começa com a pesquisa de nome empresarial na junta comercial e, simultaneamente, com a pesquisa de endereço e de possibilidade de exercício da atividade desejada nesse local, efetuada na prefeitura municipal.

Após aprovação dos quesitos iniciais, o próximo passo é elaborar o ato de inscrição ou de constituição da empresa, bem como firmar contrato de locação, quando for o caso. Essas providências evitam que sejam efetuadas exigências pelos órgãos de registro e legalização, que atrasam o processo de abertura da empresa, assim como sejam realizados investimentos em locais em que ela não poderá funcionar.

Em seguida, deve-se realizar o registro da empresa na Junta Comercial ou cartório, a inscrição no Cadastro Nacional de Pessoas Jurídicas (CNPJ) e vai até o alvará de funcionamento. Uma vez que todos esses procedimentos são realizados, a empresa já pode operar legalmente.

Esquematizando de forma visual, temos:

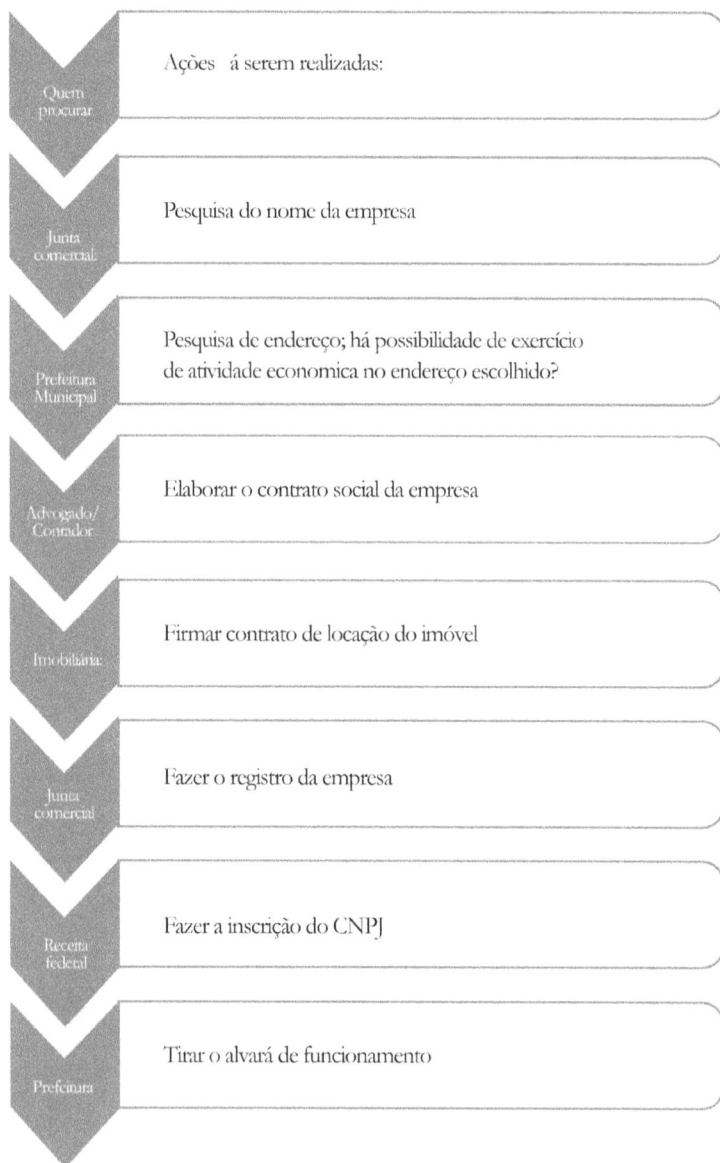

Quem procurar	Ações á serem realizadas:
Junta comercial	Pesquisa do nome da empresa
Prefeitura Municipal	Pesquisa de endereço; há possibilidade de exercício de atividade economica no endereço escolhido?
Advogado/ Contador	Elaborar o contrato social da empresa
Imobiliária	Firmar contrato de locação do imóvel
Junta comercial	Fazer o registro da empresa
Receita federal	Fazer a inscrição do CNPJ
Prefeitura	Tirar o alvará de funcionamento

Outra forma mais rápida e barata de se iniciar um novo negócio formalmente é se tornando MEI (Micro Empreendedor Individual). Neste caso a formalização é feita de forma gratuita pela internet no endereço www. portaldoempreendedor.gov.br.

Após o cadastramento, a inscrição na Junta Comercial, o CNPJ, INSS e Alvará Provisório de Funcionamento são obtidos imediatamente gerando um documento único que é o Certificado da Condição de Microempreendedor Individual – CCMEI.

O Microempreendedor não tem taxas para o registro da empresa. Ele deve pagar apenas 5% do salário mínimo de INSS; R$ 5 de ISS (Prestadores de Serviço) e R$ 1 de ICMS (Comércio e Indústria). Os valores são recolhidos em conjunto por meio de carnê emitido exclusivamente no Portal do Empreendedor e o vencimento dos impostos é até o dia 20 de cada mês.

Mas atenção:

-O MEI só pode faturar R$ 5.000,00 (cinco mil reais) por mês ou R$ 60.000,00 (sessenta mil reais) por ano.

-Para se caracterizar como MEI, o empreendedor não pode emitir Nota Fiscal apenas para um cliente, pois isto caracterizará vínculo empregatício entre o MEI e o cliente; tendo o cliente neste caso que responder um processo na justiça do trabalho e correr o risco de pagar multas e indenizações ao empreendedor, devido ao "trabalho irregular".

11 .3 Qual o melhor caminho?

A burocracia no Brasil é tamanha que algumas empresas multinacionais acabam contratando escritórios contábeis terceirizados para ajudarem neste processo. E se esses "gigantes", que estão á muito tempo no mercado precisam desta ajuda, para quem esta começando é mais confuso e complicado ainda!

A dica é procurar, sempre, um bom contador para lhe ajudar neste caminho de se iniciar um negócio formalmente, ou como é conhecido no Brasil: abrir uma empresa.

O papel do escritório contábil vai além de apurar os impostos e manter a contabilidade em dia. Ele contribui para todas as áreas da empresa, muitas vezes realizando atividades de assessoria e consultoria. Algumas empresas, ainda oferecem serviços de auditoria e investimentos estrangeiros no Brasil.

E geralmente, a consultoria inicial, para fornecer informações de documentos necessários, melhor modelo de empresa (MEI, LTDA, Individual, etc.) é gratuita!

É importante falar com esses profissionais, pois eles conhecem os "caminhos das pedras"; sabem quando você irá precisar de CETESB (Companhia Ambiental do Estado de São Paulo - agência do Governo do Estado responsável pelo controle, fiscalização, monitoramento e licenciamento de atividades geradoras de poluição, com a preocupação fundamental de preservar e recuperar a qualidade das águas, do ar e do solo); sabe se no endereço que você escolheu para iniciar seu empreendimento é permitido ter empresas instaladas; enfim eles conhecem todos os pormenores das leis federais, estaduais e municipais referentes à abertura de um CNPJ.

E não se enganem, além das leis existentes, dependendo do CNAE (Classificação Nacional de Atividades Econômicas) do seu empreendimento existirão ainda muitas outras normas que você precisará seguir, como INMETRO (Instituto Nacional de Metrologia, Normalização e Qualidade Industrial), Vigilância Sanitária, entre outras.

Então, para não errar o melhor é falar com alguém especializado. Neste caso, recomendamos sempre um bom contador!

BIBLIOGRAFIA

ACS, Zoltan J.; AMORÓS, José Ernesto (2008): *Introduction: The Startup Process*. Estudios de Economía. Vol. 35 - N° 2. Pags 121-138.

ANTUNES, J.;...[et al.], (2008) Sistemas de produção: conceitos e práticas para o projeto e gestão de produção enxuta. Porto alegre: Bookman.

BRIGIDI, Gabriel Mombach (2009) Criação de conhecimento em Empresas Start-up de alta tecnologia. Universidade Federal do Rio Grande do Sul, Escola de Administração, Programa de Pós Graduação em Administração – Mestrado em Administração.

CALADO, R. D. (2006) Aplicação de Conceitos da Manufatura Enxuta no Processo de Injeção e Tampografia de Peças Plásticas. Dissertação de mestrado acadêmico apresentada à comissão de Pós Graduação da Faculdade de Engenharia Mecânica, como requisito para a obtenção do título de Mestre em Engenharia Mecânica. Unicamp, Campinas, SP.

CALADO, R. D; CALARGE, F. A.; BATOCCHIO, (2010) Antônio; Método de diagnóstico empresarial - MDE: melhorias do gerenciamento da capacidade e otimização dos processos, 09/2010, XVIII Simpósio Internacional de Engenharia Automotiva (SIMEA),Vol. cd, pp.1-8, São Paulo, SP, Brasil.

CALADO, R. D., LIMA, P. C. (2003) A Aplicação da metodologia de Célula de manufatura na Solução de Risco de Acidente: uma experiência em um fabricante de eletrodomésticos. In: II Congresso Brasileiro de Engenharia de Fabricação, São Paulo.

CAMPOS, V. F. (2004). Gerenciamento da rotina do trabalho do dia-a-dia. Nova Lima: INDG.

CARVALHO, M. M.; RABECHINI JUNIOR, R.. (2008)

Construindo competências para gerenciar projetos: teorias e casos. São Paulo: Atlas.

CARVALHO, M.M., PALADINI, E. P. (2005). Gestão da qualidade: teoria e casos. Rio de Janeiro: Elsevier.

CHAVES, N. M. D. (2006) Caderno de campo das equipes de

melhoria contínua. Nova Lima: INDG.

CHAVES, N. M. D. (2005). Soluções em Equipe. Nova Lima: INDG.

CHRISTOPHER, M. (2007). Logística e Gerenciamento da Cadeia de Suprimentos: criando redes que agregam valor. São Paulo: Thomson Learning.

CORRÊA, H. L. (2010). Gestão de redes de suprimentos:

integrando cadeias de suprimentos no mundo globalizado. São Paulo: Atlas, 2010

CORRÊA, H. L.; CORRÊA,C.A. (2007). Administração de Produção e Operações. São Paulo: Atlas.

DAILEY, K. W. (2003) The Lean Manufacturing Pocket Handbook. USA: DW Publishing Co.

DAUGHERTY, P. J., PITTMAN, P.H. (1995). Utilization of time-based strategies Creating distribution flexibility/responsiveness. International Journal of Operations & Production Management, Vol. 15, No. 2, pp. 54-60.

FELD, W.M. (2000). Lean manufacturing: tools, techniques, and how to use them. CRC.

GAITHER, N.; FRAIZER,G. (2007). Administração da Produção e Operações. São Paulo: Thomson Learning.

GEM – GLOBAL ENTREPRENEURSHIP MONITOR. (2011) Global Report.

HERRMANN, Bjoern Lasse (2011). Estudo mapeia genoma das startups: Em um levantamento feito com 12 mil empresas iniciantes do Vale do Silício, pesquisadores americanos apontam as razões do sucesso e do fracasso de uma startup. Vale do Silício nos Estados Unidos, Revista Pequenas Empresas & Grandes Negócios, Outubro de 2011. Entrevista a Thomaz Gomes. Disponível em http://revistapegn.globo.com/ Revista/Common/0,,EMI270599-17156,00-ESTUDO+MAPEIA+GENOMA+DAS+STA RTUPS.html. Acessado em 25 de novembro de 2013.

HART, Mark A. (2012) The Lean Startup: How Today's Entrepreneurs Use Continuous Innovation to Create Radically Successful Businesses. The Journal of Product Innovation Management, 29(3):506–510.

IUDÍCIBUS, Sérgio de e MARION, José Carlos. Curso de contabilidade para não contadores. 3. Ed. São Paulo: Atlas, 2000.

JACOBS, F. R.(2009). Administração da Produção e de Operações: o essencial. São Paulo: Saraiva.

KAPLAN, R. S.; NORTON, D. P. (1997). A estratégia em ação: balanced scorecard. Rio de Janeiro: Elsevier.

KRAJEWSKI, L; RITZMAN, L.; MALHOTRA, M. (2009). Administração de produção e operações. 8 ed. São Paulo: Pearson Prentice Hall.

KOTLER, Philip e KELLER, Kevin L. (2006) Administração de Marketing. 12 ed – São Paulo: Pearson Prentice Hall.

KOTLER, Philip e KELLER, Kevin L. (2012) Administração de Marketing. 14 ed – São Paulo: Pearson Prentice Hall.

LIKER, J. K.; HOSEUS, M. (2009) A cultura Toyota: o modelo Toyota aplicado ao desenvolvimento de pessoas. Porto Alegre: Bookman.

LIKER, J. K.; Meier, D. (2007). O Modelo Toyota: manual de

aplicação. Porto Alegre: Bookman.

LIKER, J. K.; Meier, D. (2008). O Talento Toyota: o modelo Toyota aplicado ao desenvolvimento de pessoas. Porto Alegre: Bookman.

MARTINS, P. G. (2005). Administração da Produção. São Paulo: Saraiva.

MIYAKE, D. I. (2008). Melhorando o processo: seis sigma e sistemas de produção Lean. In ROTONDARO,R. G.(coord.) Seis Sigma - Estratégia Gerencial para a Melhoria de Processos, Produtos e Serviços. São Paulo: Atlas.

MOREIRA, D. A. (2008). Administração da Produção e Operações. São Paulo: Cengage Learning.

MOREIRA, José Carlos (Coord.). Orçamento empresarial: manual de elaboração. 4. ed. São Paulo: Atlas, 1989.

MORGAN, James M. e LIKER, Jefrey K. (2008). Sistema Toyota de desenvolvimento de produto: integrando pessoas, processos e tecnologia. Porto Alegre: Bookman.

MURMAN E. et al (2002) Lean enterprise value: insights from MIT's Lean Aerospace Initiative. Palgrave, New York.

OHNO, Taiichi (1997). O sistema Toyota de produção: além da prosução em larga escala. São Paulo: Bookman Companhia.

OSTERWALDER, Alexander (2011). Inovação em modelos de negócios. Business Model Generation Rio de Janeiro, Alta Books.

OSTERWALDER, Alexander; PIGNEUR, Yves. (2010). Business Model Generation: A Handbook for Visionaries, Game Changers, and Challengers. John Wiley & Sons.

PORTAL DA CIDADANIA E JUSTIÇA DO GOVERNO FEDERAL. Documentação necessária para abertura de uma empresa. Disponível em www.brasil.gov.br/cidadania-e-justica/

PRADO, D. S.. (2004). Gerenciamento de portfólios, programas

e projetos nas organizações. Belo Horizonte: INDG.

PRADO, D. S.. (2004). PERT/CPM. Belo Horizonte: INDG.

RECEITA FEDERAL. Cadastro Nacional de Pessoa Jurídica (CNPJ). Disponível em www.receita.fazenda.gov.br.

REICHHART, A., HOLWEG, M. (2007). Creating the customer-responsive supply chain: a reconciliation of concepts. International Journal of Operations & Production Management. Vol. 27, No. 11, pp. 1144-1172.

RIES, Eric. (2012). A Startup Enxuta: como os empreendedores atuais utilizam a inovação contínua para criar empresas extremamente bem-sucedidas. São Paulo: Lua de Papel.

ROTHER, M.; SHOOK, J. (2003). Aprendendo a enxergar: mapeando o fluxo de valor para agregar vlor e eliminar desperdício. São Paulo: Lean Institute Brasil.

SANTOS, J., et al. (2009) Otimizando a Produção com a

Metodologia Lean. São Paulo: Leopardo.

SATOLO, E..G., CALARGE, F. C.; SALLES, J. A. A.; MAESTRELLI, N. C.; PAPA, M. C. O.; ABACKERLI, A. J. (2006). Uma análise sobre questões atuais do Sistema Lean Production: um estudo exploratório de um site internacional de discussões. In: Simpósio Internacional de Engenharia Automotiva, 14, São Paulo.

SHINGO, S. (1996). Sistema de Produção com Estoque Zero: o sistema Shingo para melhorias contínuas. Porto Alegre: Bookman, 1996.

SEBRAE – Serviço Brasileiro de Apoio as Micros e Pequenas Empresas. Disponível em www.sebrae.com.br. Acessado em 06 de novembro de 2013.

SLACK, N. , et al. (2008). Gerenciamento de Operações e de processos: princípios e práticas de impacto estratégico. Porto Alegre: Bookman.

SLACK, Nigel at all. (2009). Administração da Produção. 3 ed – São Paulo: Atlas.

STEVENSON, W. J. (2001). Administração das Operações de Produção. Rio de Janeiro: LTC.

VASCONCELOS FILHO, Paulo de, PAGNONCELLI, Dernizao (2001). Construindo estratégias para vencer. 9 ed. Rio de Janeiro: Elsevier.

WOMACK, J. and Jones, D. (1996), Lean Thinking, Simon & Shuster, New York.

WOMACK, J. P.; JONES, D.T.. (1998). A mentalidade enxuta nas empresas: elimine o desperdício e crie riqueza. Rio de Janeiro: Campus.

XAVIER, C. M. S. (2009). Gerenciamento de projetos: como definir e controlar o escopo do projeto. São Paulo: Saraiva.